DE LA
LÉGISLATION
FRANÇAISE,
MUSULMANE ET JUIVE
A ALGER,

PAR JOANNY PHARAON,

MEMBRE DE PLUSIEURS ACADÉMIES ET DE LA SOCIÉTÉ COLONIALE
D'ALGER; SECRÉTAIRE - INTERPRÈTE DE M. LE GOUVERNEUR-
GÉNÉRAL, DÉTACHÉ PRÈS L'AGHÂ DES ARABES,
ET PROFESSEUR D'ARABE AU COLLÉGE
ET À LA CHAIRE D'ALGER.

PARIS,

THÉOPHILE BARROIS FILS, LIBRAIRE,
RUE RICHELIEU, N° 14.

LECOINTE ET POUGIN, LIBRAIRES,
QUAI DES AUGUSTINS, PRÈS LA VALLÉE.

—

MDCCCXXXV.

DE LA
LÉGISLATION
FRANÇAISE,
MUSULMANE ET JUIVE
A ALGER.

TOULON. — IMPRIMERIE DE L. LAURENT.

DE LA
LÉGISLATION
FRANÇAISE,
MUSULMANE ET JUIVE
A ALGER,

PAR JOANNY PHARAON,

MEMBRE DE PLUSIEURS ACADÉMIES ET DE LA SOCIÉTÉ COLONIALE
D'ALGER; SECRÉTAIRE - INTERPRÈTE DE M. LE GOUVERNEUR-
GÉNÉRAL, DÉTACHÉ PRÈS L'AGHA DES ARABES,
ET PROFESSEUR D'ARABE AU COLLÉGE
ET A LA CHAIRE D'ALGER.

PARIS,

THÉOPHILE BARROIS FILS, LIBRAIRE,
RUE RICHELIEU, N° 14.

LECOINTE ET POUGIN, LIBRAIRES,
QUAI DES AUGUSTINS, PRÈS LA VALLÉE.

MDCCCXXXV.

A

MONSIEUR LAURENCE,

DÉPUTÉ, PROCUREUR-GÉNÉRAL,

COMMISSAIRE DU ROI

POUR L'ORGANISATION DE LA JUSTICE A ALGER.

Monsieur,

Votre mission ayant eu pour but d'examiner et d'approfondir les lois de l'ex-régence d'Alger, et moi-même m'étant occupé de la question législative de ce pays, je croirais manquer à ce que je vous dois de respect et reconnaissance pour les encouragemens que vous m'avez donnés, si je ne vous faisais publiquement hommage de ce livre qui rentre entièrement dans vos hautes attributions judiciaires.

Veuillez, Monsieur, en l'agréant, recevoir aussi l'hommage du plus profond respect,

Avec lequel j'ai l'honneur d'être,

Monsieur,

Votre tout dévoué

JOANNY PHARAON.

Alger, le 29 janvier 1835.

APPROBATIONS.

Ayant été verbalement encouragé à la publication de cet ouvrage par MM. Le Pasquier, intendant civil, Laurence, procureur-général, Cottin, maire, Dutrône, conseiller à la Cour royale d'Amiens, Solvet et Verdun, juges, Marey, agha, Caussaunelle, Jugaud Longueville et Bastide, avocats, Guertin et Larollée, notaires, et M. Campbell, premier lord de l'université de Londres (tous présens à Alger); on me permettra d'ajouter à tant de noms honorables, les approbations écrites de la Chambre de commerce d'Alger et d'un des avocats les plus distingués de la Cour de cassation et du Conseil du Roi. Ces approbations sont ainsi conçues :

« La Chambre de commerce a lu avec beaucoup
« d'intérêt l'ouvrage de M. Pharaon, sur la législation
« musulmane. Elle pense qu'il pourra être consulté
« avec utilité et y donne son approbation.
« Alger, le 3o septembre 1834.
 « *Les Membres de la Chambre de commerce,*
Signé « ROZEY, C. BOUNEVIALLE, L. GIROT, président.»

« Le soussigné, avocat aux Conseils du Roi et à la Cour de cassation, a lu avec le plus grand intérêt l'ouvrage de M. Pharaon, sur la législation musulmane. Cet ouvrage lui paraît avoir atteint le but que son auteur s'est proposé : une utilité pratique. C'est *le seul document législatif et de jurisprudence* que puissent consulter avec fruit, les légistes et magistrats que notre colonie africaine placera chaque jour dans la nécessité d'appliquer une législation jusqu'alors traditionnelle pour les indigènes et inconnue pour les Français. M. Pharaon, par sa position particulière, pouvait seul réunir en un cadre la jurisprudence des cadis; et cette œuvre de patience et d'intelligence sera désormais pour le législateur-philosophe une source d'utiles comparaisons.
Alger, le 15 septembre 1834.
     « EUGÈNE RENAULT. »

TABLE DES MATIÈRES.

FIN DE LA TABLE DES MATIÈRES.

OUVRAGES DU MÊME AUTEUR :

Recueil de poésies et théâtre, 1 vol. in-8°; Paris 1831.

Notice sur le patriarche Isakarruz, 1 vol. in-8°;
Paris, 1824.

Élémens de la grammaire française, traduits en arabe,
in-8°; Marseille, 1827.

Notice sur Méhémet-Aly, pacha d'Égypte, 1 vol. in-8°;
Paris, 1830.

*Mahmoud II et Nicolas I*er, 1 vol. in-8°; Paris, 1830.

Biographie des ministres de Charles X, 1 vol. in-8°;
Paris 1830.

Histoire de la révolution de juillet, 1 vol. in-8°;
Paris, 1830.

Notice sur Benjamin Constant, in-8°; Paris, 1831.

Traité abrégé de la grammaire arabe, 1 vol. in-4°;
Alger, 1833.

Méthode raisonnée de lecture et de traduction arabe,
1 vol. in-4°; Alger, 1835.

Dix-huit tableaux élémentaires pour la lecture arabe,
grand in-folio; 1835.

SOUS PRESSE A PARIS :

Dictionnaire français-arabe et vice versâ, 2 vol. in-8°.

Histoire générale d'Alger jusqu'à nos jours, 4 vol. in-8°.

Les Rapsodies, anecdotes sur les mœurs arabes et
européennes à Alger, 1 vol. in-8°.

L'amant abandonné, élégies algériennes traduites en
français, in-4°.

PRÉFACE.

—

Les ordonnances du Roi du 10 août dernier, relatives à l'organisation de la justice à Alger, m'ont fait naître l'idée de composer cet ouvrage qui m'a paru joindre à l'intérêt fondamental, dont il peut être l'objet, celui de la circonstance.

Au moment où l'un des membres de la haute magistrature se rend à Alger pour y organiser la justice, il est du devoir de chacun de lui présenter les matériaux qui peuvent éclairer sa religion et diriger sa marche.

Lorsque la commission supérieure d'Afrique se rendit à Alger, je fus appelé à remplir auprès d'elle les fonctions de secrétaire-interprète, fonctions que je remplissais également auprès du général en chef. J'ai par conséquent assisté et servi d'intermédiaire à toutes les questions qui furent adressées aux magistrats indigènes; j'avais retenu et écrit toutes les réponses qui avaient été faites par le Muphty, en l'absence du Cadi, et par les Rabins et chefs de la nation juive. J'ai depuis le 10 août dernier étendu ces questions; j'en ai fait une série que j'ai présentée de nouveau aux magistrats indigènes. C'est sous la dictée du Muphty et du Cadi, des Rabins et des chefs de la religion juive que j'ai traduit les principaux articles de droits que l'on trouvera consignés dans ce travail.

La commission, malgré les lumières dont elle était entourée, n'a pu se procurer des renseignemens bien exacts sur les jurisprudences musulmane et juive ; j'espère avoir complété ces renseignemens par la traduction de l'historique de ces jurisprudences, principalement dans ce qu'elles ont de particulier à Alger, puisque nous y sommes.

J'ai pensé qu'un article historique sur les tribunaux français à Alger, dont la jurisprudence a été suffisamment appréciée, serait vu avec quelque intérêt.

Je termine mon ouvrage en donnant une idée de l'autorité des chefs de corporations, appelés *Caïds,* et de l'importance du bureau arabe du gouverneur général, attendu qu'ils rendent souvent entre les indigènes, du dehors principalement, une justice paternelle et toute conciliatrice qui empêche presque toujours les parties d'aller plaider devant les tribunaux.

Je crois la réunion de ces divers matériaux utile au législateur qui veut har-
moniser les lois françaises avec celles du
pays. Je m'estimerai donc heureux si je
suis parvenu, sinon à rendre quelques
services à la haute et grave question législative propre à ce pays et qui sera
long-temps encore débattue, au moins à
appeler l'attention de nos législateurs sur
cette intéressante et utile matière des
nécessités sociales.

JOANNY PHARAON.

Alger, septembre 1834.

PREMIÈRE PARTIE.

—

DE LA JUSTICE FRANÇAISE ET MUSULMANE.

II.

DE LA JUSTICE FRANÇAISE A ALGER.

—

L'armée française, en venant planter notre étendard sur les rives africaines, a amené à sa suite des curieux de tous genres, des marchands, des hommes spéculant sur la misère de l'homme, un grand nombre de cantiniers, beaucoup de brocanteurs, encore plus d'aventuriers et de fripons se disant commerçans, quelques négocians et industriels honnêtes.

Cette population marchande et avide de gain qui se traînait à la suite de l'armée, dut nécessairement se créer une existence, fonder une *industrie* dans un pays entièrement neuf pour nous et qui offre bien moins de ressources qu'on ne l'aurait cru d'abord. Cette nécessité a formé des établissemens, des associations; elle a fait contracter des achats, des ventes, enfin des obligations et transactions de tous genres.

En commerce tout n'est pas bénéfice, et quand le malheur ne ruine pas complètement, la mauvaise foi fait le reste : de là, les discussions sur la conservation des droits que chaque partie croit avoir pour elle; presque toujours, dans ce cas, on recherche un tiers pour rétablir l'accord; ce tiers, c'est la justice. La justice pour les Français ou Européens n'existait pas à Alger.

La révolution de juillet ne donna pas le temps à M. de Bourmont de l'organiser.

M. Clauzel, homme prudent et administrateur habile, voulut organiser les tribunaux en même temps qu'il soumettait et pacifiait le pays. Il sentait combien un tribunal devenait important à côté d'une population qui toujours s'accroissait; il fut en conséquence le premier qui fit quelque chose en faveur de la population *franco-algérienne*. Il institua, sur la pro-

position de M. Pilaut de Bit, le tribunal mixte,
création tout-à-fait originale et bizarre, et qui
était composée ainsi qu'il suit :

Un Président. ⎫
Deux Juges. ⎬ Français.
Un Juge suppléant. ⎭

Deux Juges. ⎫
Un Juge suppléant. ⎬ Maures.

Deux Juges. ⎫
Un Juge suppléant. ⎬ Juifs.

Un Procur. du Roi. ⎫
Un Greffier. ⎬ Français (1).

L'étrange organisation de ce tribunal augmentait encore, plus qu'il n'applanissait les
nombreuses difficultés des procès. En effet,
il était impossible que des juges de cette nature,
qui avaient une éducation différente, des idées
de législation fondées sur la loi du bon sens, le
fanatisme religieux ou la coutume locale, pussent s'entendre dans la rédaction toute française des *considérants* d'un jugement. D'ailleurs, l'esprit de l'homme aura dû quelques
fois faire place à la justice et à la raison;
chaque juge devait juger avec indulgence le
plaideur à la religion duquel il appartenait lui-
même.

I

Aussi ce tribunal unique et presque involontairement inique, n'eut pas une existence de longue durée. Il paya bientôt le tribut que paye toute institution qui n'est point en harmonie avec le bon sens et la raison, et s'écroula lui-même sous le poids de son inutilité.

A ce tribunal succédèrent les institutions suivantes :

Une Justice de Paix et une Justice Royale qui connaissaient des contestations et qui procédaient aux conciliations, s'il y avait lieu.

Un Tribunal de police correctionnelle. Ce Tribunal connaissait de toutes les matières correctionnelles, voies de fait, contraventions, escroqueries, calomnie, vagabondages et vols.

Une Cour de Justice, qui connaissait des affaires de commerce et généralement toutes celles qui sont du ressort d'un tribunal de première instance.

Tels sont les tribunaux qui existaient à Alger avant l'arrivée de M. le duc de Rovigo ; peu de temps après, ce gouverneur institua la Cour criminelle. Cette Cour jugeait en dernier ressort et sans appel.

M. de Bourmont avait créé un *Comité de gouvernement ;* cette dénomination s'est changée aujourd'hui en celle de *Conseil supérieur.*

Ce haut Tribunal a été institué pour connaître, juger, arrêter les actes de la haute administration. On n'avait, à ce *Tribunal supérieur*, droit d'appel que lorsqu'il s'agissait d'une somme qui fut au-dessus de 12,000 francs, ou 600 fr. de rentes.

Le Lieutenant-général commandant en chef présidait ce Conseil supérieur de la Régence, dont les Conseillers étaient :

MM. l'Intendant civil,

Le Président du Tribunal criminel,

L'Intendant militaire,

L'Inspecteur des finances,

Le Commandant de la marine,

Le Commandant de la place,

Le Secrétaire-Général de l'Intendance civile faisant fonction de secrétaire du Conseil.

L'arrivée du général Berthézène à Alger ne changea rien à la composition de l'ordre judiciaire à Alger.

Aucun des juges nommés à cette époque n'était ou n'avait été avocat, jurisconsulte ou magistrat; tous étaient étrangers au droit et au barreau. Il fallait des tribunaux, il fallait par conséquent des juges que l'on a dû prendre partout où on a pu les trouver dans la population d'Alger.

Cet état de choses attira la sollicitude du gouvernement et fixa ses regards ; il vit qu'il n'avait que trop tardé et qu'il fallait qu'un tel désordre cessât ; et qu'il était temps enfin que l'ordre judiciaire fût entouré de la confiance et de la considération publiques, qui sont presque déjà pour le peuple une portion de la garantie et de la conservation de ses droits.

Depuis long-temps Alger attendait une organisation générale.

Les ordonnances du Roi du 22 et 27 juillet, celles du 10 et 12 août 1834 *(Voy. ces ordonnances qui se trouvent à la fin de cet ouvrage)*, sont venues rassurer les esprits contre l'abattement général qu'avait fait naître le silence trop prolongé du gouvernement de la métropole à l'égard d'Alger.

Ces ordonnances du Roi qui appellent aux tribunaux d'Alger des hommes appartenant à la magistrature et au barreau ont été un acte d'une rigoureuse et salutaire justice fait dans l'intérêt d'Alger et de sa population. *(Voyez pour le personnel de cette nouvelle magistrature l'ordonnance du Roi du 23 août 1834 que nous donnons à la suite des précédentes).*

Tous ces magistrats composant le nouveau

corps judiciaire à Alger ont été installés le 3o septembre 1834.

Cette cérémonie était attendue avec une vive impatience. Un concours nombreux attendait le cortége dans l'hôtel de la mairie dont la cour était somptueusement parée. A trois heures moins dix minutes les nouveaux magistrats, en costume, ayant à leur tête MM. Laurence et Fillhion en robes rouges, entrèrent dans la salle et prirent les places qui leur étaient réservées. A trois heures précises M. le Gouverneur-Général est entré aux sons des fanfares suivi des généraux Voirol, Trézel, Trobriand, Bró, Bondurand, de M. Lepasquier, intendant civil, le maire, une foule d'intendans militaires et d'officiers d'état-major. Dès que chacun eut pris la place qui lui était désignée, M. le Gouverneur-Général a adressé une allocution aux nouveaux magistrats; en leur parlant de leurs devoirs, il a prêché l'accord et l'harmonie, il a fait en quelque sorte une profession de foi de ses principes. Puis ensuite, M. Laurence, dans un discours plein de verve et d'éloquence, est venu tracer à la nouvelle magistrature sa marche qu'il a rendue indépendante de toute puissance. Il a passé sur la magistrature déchue une éponge noire; ce qu'il en a dit ne laisse pas même à ces messieurs l'espoir du repentir; en parlant des acquéreurs de biens, il a pu blesser la *susceptibilité* de plus d'un propriétaire; en un mot, M. Laurence n'a menagé personne et son éloquent et judicieux discours aura du retentissement.

Nous donnons le texte de ces deux discours prononcés dans cette solennité à la suite des ordonnances. *(Voyez à la fin de cet ouvrage.)*

II.

DE LA JURISPRUDENCE MUSULMANE.

———

La jurisprudence chez les Orientaux est
l'une des plus belles et l'une des plus brillantes
études, elle donne le plus possible une idée
nette de cette partie des lumières musulmanes.
La plupart de ceux qui ont écrit sur la science
du droit ont manqué d'exactitude, même An-
quetil Duperron dans son livre: *De la Législation orientale.* Cette jurisprudence est généralement regardée comme théocratique; ses
fondemens sont basés sur la volonté du chef

qui rarement a recours à la loi, ce qui fait que cette jurisprudence de convention dégénère en un despotisme quelques fois inouï.

Le *Coran* est le livre de la loi, c'est le code civil, criminel et religieux, il est la base d'une jurisprudence théocratique mise en harmonie avec le bon sens et la raison. Les musulmans regardent le *Coran* comme un *livre divin, venu, comme les Tables de la loi, tout écrit d'en haut*, parce que, disent-ils, il est si pur d'éloquence, si juste d'idée, si parfait de création qu'il est au-dessus de la puissance de l'homme et de son intelligence de créer un livre semblable.

A ce code sacré et écrit se joignent encore des lois traditionnelles appelées communément *sunnèh* ou *sunnàh*, qui comprennent la parole et les actions de Mahomet, religieusement conservées par la *puissance traditionnelle.*

Cette loi non écrite, cette *loi orale* n'étant autre chose que la parole de Mahomet, elle devient aussi *sacrée* que celle du *Coran* et même *canonique* dans certains cas.

Reland affirme que la *sunnàh* n'est que le complément du *Coran*, et que jointe à ce livre sacré, ils forment ensemble, ainsi que nous l'avons déjà dit, le code de l'universalité des musulmans. Le célèbre *Imann Hhanafi* établit tous ses points de droits sur l'autorité du *Coran*.

La *sunnèh* prescrit religieusement la circoncision et bien d'autres préceptes. Le musulman, dans les cas extrêmes, peut se dispenser de tous les points de cette loi, quand des circonstances impérieuses l'exigent, et, dans ce cas, il pêche en ne s'y conformant pas; mais ce pêché est léger et rentre dans la classe de ceux que nous appelons véniels.

Ce cahos de lois demandait à être interprêté d'une manière intelligible. Quatre *Imanns*, qui sont devenus autant de sectaires, sont parvenus à développer et éclaircir ces lois.

Le premier et le plus célèbre de tous est HHANAFI, mort l'an 150 de l'hégire.

Le deuxième est MALEK, mort l'an 175 de l'hégire.

Le troisième est CHÉFAIJ, mort l'an 204 de l'hégire.

Le quatrième et dernier est HHAMBAL, mort l'an 304 de l'hégire.

L'interprétation de ces quatre sectaires est seule respectée chez les musulmans.

Toute l'Égypte et l'Asie sont soumises à l'autorité de ces quatre commentateurs; cependant il faut dire que l'autorité de *Hhanafi* l'emporte sur les autres.

L'autorité de *Hhanafi* prévaut dans tout l'empire turc et principalement à Constantinople.

Tous les états barbaresques, et Alger principalement, sont soumis à l'autorité des commentateurs *Malek* et *Hhanafi*. La jurisprudence du premier de ces deux sectaires s'applique aux Maures et Arabes, et celle du deuxième s'applique aux Turcs.

Lorsqu'il se présente une question de législation, un point de droit, ou un doute sur une chose que la loi permet ou défend, les *légistes* et les *ulémas* se rassemblent, consultent le *Coran*; si le *Coran* ne répond point, ils ont recours à la *Sunnàh;* si la *Sunnàh* ne donne pas de réponse à la question, on recourt aux compagnons de Mahomet et aux docteurs orthodoxes; c'est là où l'on cherche, c'est là où l'on trouve la solution de la question.

Mais ce concile judiciaire est rarement invoqué, attendu que les livres de jurisprudence abondent.

Les questions qui n'ont aucun rapport direct avec la religion, sont résolues par le prince ou par la *coutume* qui, chez les musulmans, a force de loi.

Le prince est maître de la liberté, de la fortune et de la vie de ses sujets.

Le code des musulmans comprend, outre les cas prévus par le *Coran*, la *Sunnàh*, l'*avis des docteurs*, le *cacunamèh*, l'*aâdel* et l'*ourf* ou *la volonté* du prince, qui vient confirmer, ainsi que je l'ai déjà dit, la théocratie des lois.

III.

DE LA JUSTICE INDIGÈNE A ALGER.

———

Les jugemens à Alger se rendent publiquement; les *huis-clos* ne sont jamais invoqués pour aucune espèce de procédure. Les causes les plus scandaleuses sont exposées et jugées publiquement et les portes ouvertes.

La justice est rendue par un seul juge nommé *cadi* (conciliateur); ce magistrat est assisté de plusieurs assesseurs qui n'ont que voix consultative.

La justice se rend sans frais.

Le *Cadi* informe, instruit et juge à lui seul toutes les affaires qui se présentent et sans désemparer. Il les ajourne quelquefois mais sans obligation aux parties de comparaître.

L'exécution des jugemens rendus est remise à la bonne foi des parties jugées; si le jugement n'est pas respecté par les parties, le refus est constaté de nouveau devant le *Cadi* qui punit les délinquans soit en les faisant mettre en prison, soit en leur faisant administrer la *bastonnade*.

Le nombre des coups de bâton est déterminé par la volonté du *Cadi*.

Les audiences du *Cadi* ont lieu tous les jours, sans en excepter même le vendredi (jour du repos). Elles commencent à une heure de l'après-midi, à cette heure le *Cadi* arrive, et assisté de ses assesseurs, il commence la prière devant tous les assistans.

Après cette cérémonie, le *Cadi* prend place sur son siége, et l'audition des individus commence et n'est interrompue que vers les quatre heures et par une prière semblable à celle qui a ouvert l'audience et qui termine les travaux de la journée.

Le lieu où se rend la justice à Alger est rétréci et sans majesté. C'est une salle d'environ

douze pieds carrés, garnie dans ses deux côtés
latéraux de deux bureanx qui peuvent avoir
dix-huit pouces de hauteur sur un pied environ de largeur. Derrière ces bureaux se trouvent rangés, des deux côtés, les assesseurs du
Cadi accroupis sur des nattes. En face la porte
d'entrée, et sur une estrade élevée d'environ
deux pieds, se trouve le *Cadi*, assis devant un
bureau isolé des autres. C'est de là qu'il rend
ses arrêts.

A l'heure de l'audience, le public indigène
se presse en foule à la porte du sanctuaire.

Les femmes se tiennent en dehors, dans
deux cours latérales à la salle d'audience, et ne
communiquent avec le *Cadi* ou les parties ad-
verses (si leurs adversaires sont hommes), que
par des croisées grillées qui sont de chaque
côté.

Les plaignans se présentent à la porte, qui
est ordinairement encombrée; ils abordent la
personne du *Cadi*, l'adjurent au nom de Mo-
homet de les entendre, se prosternent devant
lui, lui baisent les mains, retournent à leur
place, et de là, exposent ensemble, toujours
avec une volubilité extraordinaire, l'affaire qui
les amène devant la justice. Le *Cadi* est toujours obligé, afin de se recueillir, de leur im-

poser silence et de les faire déposer de nouveau et chacun à leur tour, ce qu'il obtient très-difficilement.

Il n'est point étonnant, au milieu d'une déposition, plainte ou discussion, de voir une nouvelle affaire surgir et bientôt une troisième; alors chacun parle pour expliquer les causes de sa présence au tribunal, et le silence, dans ce cas, est difficile à obtenir; malgré tout ce bruit, le *Cadi* écoute, interroge, réplique, donne des signatures et prononce ses sentences avec une justesse dont on est étonné. Ainsi l'exemple de César, qui dictait sept lettres à sept secrétaires différens, ne sera plus pour nous un effort extraordinaire de mémoire.

Il n'y a point d'ordre dans l'exposition des affaires, point de mise au rôle. Le *Cadi* n'est donc point préparé et ignore les affaires qui doivent se présenter à l'audience du jour.

Toutes les décisions du *Cadi*, ainsi qu'on l'a déjà vu, ne sont pas sans appel. Cependant l'appel est une exception, et cette exception est rare. Cet appel a lieu au *Midjlis* qui est composé du *Muphty*, du *Cadi* et des *Ulémas* du lieu ; le *Midjlis* se tient dans la grande mosquée (*el Jamèh el Kébir*).

Si le *Cadi* est appelé, ainsi que je l'ai déjà

dit, à connaître les causes de tous les degrés, il est nécessairement, à lui seul, juge de paix, de simple police, de police correctionnelle et criminel. Il connait aussi des causes civiles et des contestations en matières commerciales.

Le cumul de toutes ces fonctions dans les mains d'un seul demande une capacité très-développée dans la personne du titulaire, une profondeur de raisonnement, une finesse de pensée qui se rencontre assez ordinairement chez les *Cadis* et *Muphtys*, choisis tous deux dans la classe dite des savans *(Ulémas).*

Ces deux fonctionnaires sont ordinairement recueillis, réservés et vivant loin du monde, qu'ils ne voyent que dans l'exercice de leurs fonctions.

Les femmes, si timides, si craintives en apparence, dans leur intérieur, prennent une force de caractère, une arrogance inconcevable lorsqu'elles se trouvent portées, par la nature de leurs discussions, devant le *Cadi*. Il est probable que le musulman qui dans cette circonstance se trouve insulté dans sa personne, outragé dans sa dignité, se venge plus tard, et d'une manière brutale, de la protection que la loi accorde à tous ceux qui l'invoquent.

Le *Cadi* ne juge jamais sans avoir ouï des témoins, à moins d'une sincérité bien établie entre les parties.

Les témoins ne sont pas séparés, chacun d'eux expose son témoignage en présence des autres.

Le serment ne précède pas la déposition.

Les témoins ne déclarent pas non plus leurs noms, prénoms, âge, lieu de naissance, ni qualités.

Dans les jugemens devant le *Cadi*, lorsqu'un ou plusieurs Français, un ou plusieurs Européens sont mis en cause ou seulement cités par les parties comme ayant eu des rapports avec eux, le fanatisme religieux et la haine contre tout ce qui est chrétien, prennent la place de la justice et de la raison. De là, des jugemens qui ne sont point en harmonie avec l'équité et dans lesquels l'homme prouve qu'il est magistrat plus soumis à ses passions qu'au cri de sa conscience.

J'arrête ici mes observations sur la justice à Alger (2).

IV.

PRINCIPALES DISPOSITIONS DU CODE CIVIL

DES MUSULMANS.

——

DES PERSONNES.

1. Il n'y a point de nom de famille.

2. La trace des ascendans doit par conséquent se perdre après quelques générations.

3. Chaque fils ajoute à son propre nom celui
de son père; c'est *Aly fils d'Ahhmad*, et c'est
Moustafa fils de Mahhamad.

4. L'universalité des musulmans se compose
de *maîtres* (indépendans), *domestiques* (dépendans) et *esclaves* (propriétés).

5. Les maîtres sont égaux devant la loi de Mahomet; ce sont les hommes libres de tout devoir ou de tout enchaînement servile.

6. Ils peuvent arriver aux premières dignités.

7. Les domestiques sont les gens à gages; ils n'ont avec les premiers qu'une égalité conventionnelle.

8. En vertu de cette égalité, ils peuvent invoquer contre leurs maîtres la puissance des lois.

9. La femme est sous la dépendance de l'homme, chacune, suivant le rang où le sort l'a placée, soit qu'elle appartienne à un maître, serviteur ou esclave.

10. Les esclaves sont mâles ou femelles.

11. Un esclave est une propriété qui appartient en tout point au propriétaire.

12. Il peut en disposer comme bon lui semble.

13. L'esclave ne peut se racheter.

14. Il peut être affranchi par ses maîtres. Dans ce cas, il jouit des droits de l'homme libre.

15. L'esclave mâle ou femelle n'est justiciable que de son maître.

16. Les enfans nés d'une esclave et d'un

esclave deviennent, à l'égal de leurs père et mère, propriétés du maître.

17. Il pourra en disposer comme bon lui semblera.

18. Les enfans nés d'une esclave par suite d'un commerce avec le maître ou l'homme libre, sont légitimés.

19. La femme esclave est, dans ce cas seulement, affranchie de droit.

20. Une fois affranchie, elle peut se marier avec son ancien maître ou tout homme libre.

21. Les esclaves contractent mariage entre eux.

22. Il faut qu'ils appartiennent au même maître.

23. L'esclave affranchi, de l'un ou l'autre sexe, acquiert les mêmes droits qui appartiennent à son sexe.

DE LA NAISSANCE.

24. La naissance des enfans de l'un ou l'autre sexe ne se constate pas.

25. Il n'y a dans aucun gouvernement musulman d'*état-civil*.

26. Point d'acte de naissance.

27. Point d'acte mortuaire.

28. La notoriété publique tient lieu de ces deux actes.

29. La circoncision établit la *naissance*.

30. L'exposition et les prières publiques établissent la *mort*.

DE L'AUTORITÉ PATERNELLE.

31. Le père a une autorité toute puissante sur ses enfans.

32. La mère n'a d'autre autorité que celle que donne la nature.

33. Le père doit protéger, nourrir, élever et donner un état à ses enfans.

34. Il a sur ses enfans les droits d'une extrême et rigoureuse correction.

35. Si la mort de l'un ou de plusieurs enfans, par suite de coups ou blessures graves, résulte de la correction brutale du père, celui-ci n'est qu'admonesté par le *Cadi*.

36. Les enfans, dans les discussions d'intérêt, ne peuvent invoquer le serment contre leurs père et mère.

37. Les père et mère doivent compte de la légitime qui revient à chaque enfant mâle seulement.

38. Cette légitime n'est exigible qu'à l'âge de

dix-sept ans (époque nubile des enfans mâles).

39. Ce droit de réclamer la légitime n'est accordé à l'enfant mâle qu'après y avoir été autorisé par le *Cadi*, qui doit constater l'état de l'individu, sur le rapport d'un conseil nommé *ad hoc* et qui juge si l'individu est ou non en état de diriger sa fortune.

40. Les filles demeurent sous la tutelle paternelle jusqu'à leur mariage.

41. Il n'y a pour elles ni petite, ni grande majorité.

DES ALIMENS.

42. Les alimens sont dûs par les père et mère à leurs enfans ou consanguins.

43. Par le père seulement à ses enfans, dans le cas de divorce.

44. Par la mère aux enfans, malgré le cas de divorce et l'abandon des enfans à l'époux, si l'époux est malheureux.

45. Par les enfans aux père et mère.

46. Par les enfans aux ayeuls paternels et maternels, aux consanguins.

47. Par les ayeuls paternels et maternels et les consanguins aux enfans et petits enfans, etc.

DU MARIAGE.

48. Le mariage se contracte par devant le *Cadi*, en présence de témoins.

49. Le mariage est également valable en présence de témoins sans l'assistance du *Cadi*.

50. Tout mariage est dissoluble.

51. Le père choisit l'époux et l'impose à sa fille, sans que celle-ci puisse le refuser en aucune manière.

52. Si la fille n'a plus ses père et mère, elle est libre du choix de son époux, et peut refuser celui qui lui serait présenté par l'un des membres de sa famille.

53. Si le père est mort et que la fille soit encore sous la puissance maternelle, elle ne peut refuser l'époux qu'on lui présente.

54. Néanmoins elle peut demander à ne se marier qu'en vertu de la décision d'un conseil de famille.

55. Dans ce cas, le *Cadi* convoque et nomme les personnes qui doivent composer le conseil de famille.

56. Le contrat stipulant la dot ou les intérêts des parties est dressé en présence du *Cadi*.

57. L'homme peut contracter légitime mariage avec quatre femmes à la fois.

58. Dans ce cas, l'époux est dans l'obligation de tenir chaque ménage en particulier, distinct et séparé l'un de l'autre.

59. Néanmoins l'époux peut se dispenser de cet arrangement onéreux, si les femmes consentent à vivre entre elles et en parfait accord.

DES DROITS CONJUGAUX.

60. L'époux doit protection, secours et assistance à sa femme ou à ses femmes (s'il en a plus d'une).

61. Il est dans l'obligation de la nourrir, vêtir, entretenir selon ses moyens personnels, ou selon la dot qu'il a reçue.

62. Si l'époux a plusieurs femmes, il contracte envers chacune d'elles l'obligation de leur accorder une part égale de protection, d'assistance.

63. Il doit aussi les entretenir toutes également et sans préférence, en fait de nourriture, d'effets d'habillement, de luxe ou autres.

64. Il ne doit point oublier que le mariage est un nœud sacré qui mérite toute l'attention de l'homme.

65. L'époux doit en conséquence, quand il a plusieurs femmes (et il peut en avoir légale-

ment quatre), payer à chacune d'elle, chaque jour et à tour de rôle, la dette conjugale.

66. L'époux n'est soumis à aucune règle de ce genre s'il n'a qu'une seule femme.

67. Dans le cas de préférence de l'époux pour une ou plusieurs femmes, la femme ou les femmes délaissées portent plainte au *Cadi*, qui règle lui-même, et à l'amiable, les accords de cette nature.

68. Il résulte du droit d'extrême surveillance accordé à l'époux, celui de la correction.

69. L'époux ne peut corriger sa femme que dans les cas suivans:

 1° Si la femme rejette la couche conjugale.

 2° Si elle sort sans l'autorisation de son époux.

 3° Si elle se refuse à faire la prière.

70. Néanmoins cette correction doit être légère et ne doit pas passer les bornes de l'humanité ; elle ne doit pas dégénérer en une brutalité dont les résultats seraient préjudiciables au corps.

71. Dans le cas de préjudice notable sur la personne de la femme, ou de blessures graves, l'époux est puni sévèrement.

72. Si la mort de la femme était provoquée

par suite des coups ou blessures graves, l'époux
serait condamné à être pendu.

73. Si la femme frappait l'époux, il pourrait immédiatement la répudier en faisant la
déclaration devant le *Cadi* ou devant les témoins des motifs qui l'obligent à demander le
divorce.

74. L'époux n'a pas l'administration des
biens de la femme.

75. La femme peut cependant lui donner le
droit d'administrer et de disposer de ses biens
par une procuration régulièrement passée devant le *Cadi*.

DE L'ADULTÈRE.

76. L'adultère est considéré comme crime,
là où la polygamie est permise.

77. La femme peut poursuivre l'époux en
adultère.

78. Elle ne peut le convaincre de ce crime
que par un grand nombre de témoins.

79. Si l'époux est convaincu d'adultère, il
est condamné à mourir lapidé.

80. La femme convaincue d'adultère est condamnée à être jetée à l'eau dans un sac de
cuir.

DU DIVORCE.

81. La répudiation ou divorce se fait de gré à gré, s'il y a parfait accord, en présence de deux témoins au moins et sans la participation du *Cadi*.

82. La répudiation peut aussi avoir lieu par devant le *Cadi*.

83. L'époux est toujours libre de répudier sa femme, le lendemain même de son mariage, sans que pour cela il soit dans l'obligation d'articuler des faits pour justifier sa conduite.

84. La femme peut demander le divorce devant le *Cadi*.

85. Dans ce cas, elle subit la volonté du mari et la conséquence de cette même volonté; l'époux peut refuser ou accorder son consentement.

86. Néanmoins, dans le cas où la femme insisterait et motiverait sa demande sur des mauvais traitemens qui auraient mis sa vie en danger, et qu'elle appuyât ses allégations de fortes et nombreuses preuves, le *Cadi* prend sur lui, dans ce cas seulement, de prononcer la séparation.

87. L'époux peut, jusqu'à trois fois différentes, répudier et reprendre sa femme.

88. Néanmoins il faut qu'entre l'abandon et la reprise, la femme ait subi l'épreuve de trois époques périodiques.

89. Dans le cas où, au premier divorce, l'époux dirait devant témoins ou en présence du *Cadi* ces mots : *ce divorce est sans retour*, c'est-à-dire, définitif et sans appel, dans ce cas seulement, il ne pourrait plus reprendre la même femme.

90. Si après le troisième retour, l'époux répudiait une troisième fois sa femme, elle ne pourrait rentrer avec lui que dans les cas suivans :

Si la femme s'est remariée et qu'elle soit veuve de son deuxième époux, ou divorcée.

91. Le répudiation qui viendrait après ce quatrième mariage serait à jamais sans retour, ni conciliation.

92. A moins de donation antérieure au divorce, la femme reprend tout ce qu'ell a apporté en mariage.

93. La femme reprend encore également avec elle les enfans issus de son mariage.

94. Elle peut les abandonner à l'époux, mais sur la demande de ce dernier seulement; elle est également libre de refuser son consentement.

95. Les époux divorcés ne se doivent plus rien, ils deviennent étrangers l'un à l'autre.

96. La femme divorcée reprend tous ses droits, elle peut se remarier à son gré.

97. Néanmoins, dans ce cas et pour l'administration de ses biens, elle doit être assistée de son plus proche parent.

98. A défaut de toute parenté, elle est assistée de la personne du *Cadi*, qui peut, s'il lui plaît, désigner un procureur fondé.

DU DÉCÈS.

99. Le décès n'est jamais constaté.

100. Il n'y a point d'état civil, point d'acte mortuaire qui vienne établir les droits des héritiers.

101. L'homme ne peut tester ou disposer de ses biens après sa mort.

102. Les facultés de l'homme ne doivent pas s'étendre au delà des bornes de la vie.

DES SUCCESSIONS.

103. L'époux, les enfans de l'un ou l'autre sexe, les parens sont les héritiers naturels du défunt.

104. Dans certain cas, l'administration de *Beit-el-mal* (bureau des confiscations, conservations et successions vacantes) entre en partage.

105. Les partages se font ordinairement de gré à gré et sans le concours du *Cadi*.

106. Les cas d'inventaires sont rares et n'arrivent que par des contestations qui sont également très-rares en matières d'héritage.

107. Si le défunt ne laisse pas d'enfans, la veuve s'empare du quart ou du huitième de la succession. Les trois autres quarts reviennent à la famille du défunt.

108. A défaut de parens, lesdits autres trois quarts reviennent au *Beit-el-mal*.

109. La faculté de tester n'étant point accordée à l'homme, il ne peut disposer de son bien.

110. Néanmoins il lui est facultatif de disposer envers un étranger à sa famille, soit par écrit, soit par déclaration verbale *devant témoins*, du tiers de son bien.

111. Le reste, moins un huitième, s'il y a une veuve, retourne au *Beit-el-mal*, à défaut d'enfans ou de parenté.

112. Si le défunt laisse un enfant mâle, celui-ci hérite de la totalité, en réservant toutefois un huitième pour la veuve, si elle existe.

113. Si le défunt laisse une fille unique, elle hérite de la moitié ou quatre huitièmes. Le reste retourne à la famille du défunt, et à défaut de famille, au *Beit-el-mal*, après avoir toutefois respecté le huitième de la veuve.

114. S'il y a plusieurs enfans mâles, ils héritent de la totalité qu'ils partagent également entre eux, après avoir fourni à la veuve le huitième qui lui revient de droit.

115. S'il y a plusieurs filles, elles héritent des deux tiers. Le reste de la succession, moins le huitième de la veuve, retourne au *Beit-el-mal*.

116. Cette portion des deux tiers se partage également entre les ayant-droits.

117. S'il y a des enfans de l'un et l'autre sexe, le partage a lieu, ainsi qu'il suit, pour les sept huitièmes restans :

118. S'il y a une ou plusieurs filles, un ou plusieurs mâles, la fille ou les filles héritent d'un tiers, le fils ou les fils de deux tiers.

119. L'époux, les enfans de l'un et l'autre sexe et les parens, sont également les héritiers naturels de la femme.

120. En cas de décès, les biens de la femme reviennent à ses héritiers ainsi qu'il suit :

121. S'il y a des enfans, et que le père soit

mort, les enfans héritent de la totalité des biens de leur mère.

122. Si l'époux existe, il prélève un quart de la succession pour sa part ; les autres trois quarts appartiennent aux enfans.

123. S'il n'y a ni époux, ni enfans, la totalité des biens revient aux parens de la défunte ; à défaut de toute parenté, l'administration du *Beit-el-mal* hérite.

124. Si l'époux existe et qu'il n'y ait point d'enfans, la moitié des biens revient à l'époux, et l'autre moitié aux parens ou, à défaut de parens, au *Beit-el-mal.*

125. Le mode de partage entre les enfans de différens sexes applicable à la succession du père, s'applique également et demeure le même à l'égard des héritiers de la mère.

DES TUTEURS.

126. Le tuteur est désigné par le père avant sa mort.

127. Cette déclaration se fait devant le *Cadi* ou devant des témoins.

128. Si les orphelins n'avaient pas de tuteur, le *Cadi* l'est de droit et désigne un subrogé tuteur.

129. La veuve et mère des enfans est exclue de la tutelle.

130. Le tuteur, ou subrogé tuteur agissant au nom du *Cadi*, exerce sur ses pupiles les même droits que s'il en était le père.

131. Il doit protéger, élever et entretenir les enfans dont il est le tuteur.

132. Il a la jouissance de l'usufruit des biens qui appartiennent au pupile.

133. Il peut les aliéner.

134. Il ne doit compte au pupile :

S'il est mâle, qu'à l'âge de puberté.

Si c'est une fille, qu'à l'heure du mariage seulement.

135. Il a droit de correction sur ses pupile

136. Cette correction doit être modérée.

137. Si des coups ou blessures gravès entraînaient la mort, le tuteur serait justiciable des tribunaux.

DES DONATIONS.

138. Les donations ne se font qu'entre vifs.

139. Le donataire ne peut disposer de son bien par testament.

140. Néanmoins, de son vivant, il peut

disposer à l'exclusion de sa famille d'un quart seulement et après sa mort.

141. Il peut également disposer, de son vivant, de la totalité de son bien sans qu'il puisse trouver dans sa famille une opposition légale.

142. Les effets d'une semblable donation doivent avoir lieu du vivant même du donataire.

143. Le père peut disposer d'une donation faite à l'un ou plusieurs de ses enfans mineurs.

144. Il n'est pas tenu de leur en rendre compte à leur majorité.

145. La femme ne peut donner qu'à son mari.

146. Elle ne peut disposer en faveur d'aucune autre personne.

147. Dans le cas où la donation de la femme à l'époux, ou de celui-ci à la femme, serait suivie du divorce, la donation ne s'en tient pas moins bonne et valable.

DES SUBSTITUTIONS

OU ALIÉNATIONS - HHOBOUSS (3).

148. Le *hhobouss* est une mesure de haute prévoyance appliquée par le propriétaire à l'égard de ses héritiers ou descendans.

149. Chaque héritier ne peut disposer du bien qui lui écheoit en héritage, si ce bien est mis en *hhobouss*, par le premier ou l'un des propriétaires suivans ; il ne peut jouir que de l'usufruit, qui se transmet d'héritier en héritier jusqu'à extinction de la lignée.

150. Il le loue, en retire les loyers, le cède aux mêmes conditions qu'il l'a reçu, *sans pot-de-vin*, sous la dénominatiou de *rente perpétuelle*.

151. Dans ce cas, le premier jouit des droits du cédant qui les perd.

152. Si la rente perpétuelle n'était point régulièrement servie, le cédant rentrerait dans ses droits.

153. En cas d'extinction totale des héritiers légitimes, les biens retournent à l'administration de *Maké et Médiné*, des *Mosquées* ou *Beit-el-mal*, ou bien encore aux *Marabouts*, selon le vœu formé dans l'acte primitif et constitutif, par l'auteur du *Hhobouss*.

154. Les administrations de *Maké et Médiné*, des *Mosquées* et du *Beit-el-mal* et *Marabouts*, continueraient, s'ils y trouvaient leur avantage, à l'égard des preneurs, la rente perpétuelle.

155. Les preneurs ne pourraieut en aucune

manière obliger les administrations ci-dessus nommées à tenir les engagemens des cédans, attendu qu'il s'agirait ici des intérêts des pauvres.

.156. L'un des descendans immédiats peut aussi refuser de reconnaître les engagemens précédemment pris par les ascendans.

157. La loi musulmane ne connait pas d'engagement au delà de trois années entre les parties, et le juge ne peut constater le payement d'un loyer à l'avance que pour trois années seulement.

DE L'ANA.

158. Les biens mis en *hhobouss* deviennent *ana* dans les cas suivans :

1° Si les usufruitiers directs du *hhobouss* se trouvaient dans l'impossibilité d'entretenir ou rebâtir les bâtimens qui se trouvent élevés sur les terrains ou les propriétés mis en *hhobouss*.

2° S'ils ne peuvent pas défricher ou entretenir les terres depuis long-temps abandonnées.

159. Dans ce cas, ils cèdent le droit de bâtir ou de mettre en valeur les terres à un

tiers qui devient propriétaire moyennant une rente également perpétuelle sur les bâtimens qu'il élève sur des terrains, ou sur la mise en valeur des terres à lui prêtées.

160. Il n'est propriétaire que de la portion de l'immeuble élevé au-dessus du sol.

161. Il n'a aucun droit sur le sol sur lequel il a fait bâtir ou fait des améliorations, attendu que ce sol ne change pas de nature et demeure par conséquent toujours *hhobouss*.

162. Le propriétaire du bâtiment élevé ou des améliorations faites, peut les revendre moyennant une *rente perpétuelle*, mais le nouveau preneur et les suivans ne sont jamais propriétaires du sol mis en *hhobouss*.

163. Néanmoins et malgré cette clause, le *hhobouss* mis en *ana* devient définitivement *inaliénable;* et les propriétaires et les administrations connues sous les dénominations de *Maké et Médiné*, les *Mosquées*, *Beit-el-mal*, les *Marabouts*, ne peuvent en aucune manière exiger la remise de la propriété déclarée *ana*.

164. Ils n'ont droit qu'à la rente perpétuelle qui doit être régulièrement servie par le preneur à bail.

165. Aucune propriété *hhobouss* ne peut être mise en *ana* si les propriétaires n'ont fait

préalablement constater leur impossibilité d'entretenir le bien par un grand nombre de témoins et par devant le *Midjlis.*

166. Cette déclaration n'est reçue que par le *Cadi hhanafi* qui la fait constater par le *Midjlis hhanafi*, le *Cadi melki* ne recevant pas de semblables déclarations, qui se trouvent en dehors de sa jurisprudence.

DES DÉBITEURS ET CRÉANCIERS.

167. Tout prêteur ou vendeur est créancier.

168. Tout acheteur ou emprunteur est débiteur.

169. Nul ne peut vendre, prêter ou disposer de son avoir s'il n'est majeur et s'il n'est sain de corps et d'esprit.

170. Tout marché ou engagement fait ou contracté par un mineur, est nul.

171. Le marché ou l'engagement est également frappé de nullité si l'un des contractans ne jouit pas d'un état de santé satisfaisant de corps et d'esprit.

172. Tout marché contracté par les parties est nul, s'il a eu pour principe la menace ou la violence.

173. Le prêteur ou le vendeur convaincu par témoignage de débauche, de gourmandise, d'ivrognerie ou d'intempérance, n'est point apte à contracter, et ses actes à cet égard sont frappés de nullité.

174. Il ne peut exister de marché pour la vente du cochon et du vin. Ces deux produits sont prohibés et exclus du commerce. Ces marchandises sont confisquées et le produit est versé à l'administration de *Beit-el-mal* qui le distribue aux pauvres.

175. Les marchés se traitent de gré à gré, verbalement, tractativement, sur parole et sans écrit.

176. Si le débiteur nie devoir à son créancier, celui-ci n'a recours qu'au serment ou au témoignage.

177. Le créancier ne peut exiger le payement de sa créance qu'autant qu'il est reconnu que le débiteur est en position de payer.

178. Si le débiteur n'a rien, le créancier perd ses droits.

179. Il perd également ses droits contre le débiteur, s'il est prouvé que celui-ci ne possède rien, malgré un étalage d'aisance soit dans le luxe des habits, soit dans celui de la table ou des domestiques; attendu qu'il y a des in-

dividus très-malheureux et qui ne veulent pas le donner à connaître.

180. Néanmoins le débiteur, dans cette position, reçoit la bastonnade et subit la prison alternativement jusqu'à ce qu'il ait payé ou jusqu'à ce qu'il ait produit des témoins qui viennent attester l'état réel de sa position.

181. Le *Cadi* prend sur lui de le renvoyer de la prison et de la bastonnade, s'il produit une caution, une garantie ou les témoins qui doivent attester de sa position.

182. Si le débiteur est en mesure de payer et qu'il refuse de satisfaire à ses engagemens, sur la demande du créancier, le *Cadi* lui fait administrer la bastonnade et subir la prison alternativement jusqu'à ce qu'il ait consenti à payer.

183. Le débiteur dont la position est entièrement inconnue ou ignorée n'est passible que de la prison jusqu'à ce que ses moyens soient connus et appréciés par la sagesse du *Cadi*.

184. Il n'y a point ou peu d'engagemens écrits entre les parties.

185. Il n'y a point de quittance pour les payemens dans l'usage ordinaire de la vie.

186. Il n'y a point de prescription.

187. Néanmoins le débiteur peut exiger un reçu.

188. Les prisonniers pour dettes ou pour des peines correctionnelles se nourrissent à leurs frais.

189. S'ils n'ont aucun moyen, le *Cadi* y pourvoie dans le cas seulement où il pourrait disposer de fonds résultant de quelqnes donations *hhobouss*.

190. Dans le cas où le *Cadi* ne pourrait disposer de rien, l'administration de *Beit-el-mal* est dans l'obligation de venir à leur secours et de pourvoir à leurs besoins.

DU TÉMOIGNAGE.

191. Les témoins appelés pour une déposition quelconque, ne sont pas séparés.

192. Ils n'énoncent ni leur âge, ni leurs noms, prénoms, lieux de naissance ou qualités.

193. Le témoin ne prête pas serment.

194. Néanmoins le *Cadi* peut l'exiger.

195. Le témoin convaincu de faux témoignage, est promené dans la ville et dénoncé au public comme ayant menti à sa conscience.

196. Si un témoin refusait de paraître en justice, il deviendrait responsable envers qui

de droit du tort qu'aurait pu éviter sa déposition en faveur de qui l'invoquait.

197. Le témoin devient également responsable du préjudice notable qui aurait été produit par sa fausse déclaration.

198. Dans ces deux cas le témoin est dans l'obligation de payer la somme qu'il a fait perdre soit par son indifférence, soit par sa mauvaise foi.

199. Le témoignage du témoin corrompu ou suborné est nul.

200. Le suborneur est puni seulement par l'admonestation ou par la bastonnade, suivant la gravité du cas.

DES CURATEURS ET PROCUREURS FONDÉS.

201. Les curateurs administrent les biens et la fortune de ceux par qui ils sont commis à cet effet.

202. Le curateur prend soin des enfans qui sont confiés à sa surveillance jusqu'à leur majorité.

203. Il administre les biens et la fortune de son mandant comme bon lui semble.

204. Il a la faculté de vendre, louer, affermer tel bien qu'il lui conviendra, placer telle somme qu'il voudra.

205. Pour qu'il puisse en agir ainsi, il faut que le mandat soit conçu en termes généraux.

206. Si le mandat ou la procuration sont limités, le mandataire ne peut excéder ses limites.

207. Dans ce cas, il devient responsable de tout le tort qu'il a pu faire.

208. Le mandataire ayant des ponvoirs généraux, ne peut cependant en profiter pour obliger son mandant :

1º A se marier.

2ª A divorcer.

3ª A limiter le nombre de ses domestiques.

4º A vendre ou le priver de sa monture habituelle.

209. Dans ce cas, le *Cadi* interviendrait et annullerait tous les pouvoirs.

210. Tout pouvoir est nul, quand il a eu pour principe la menace ou la violence.

211. Tout mandat ou procuration est révocable.

DE LA NOTORIÉTÉ PUBLIQUE.

212. La notoriété publique s'établit :

1° Par le témoignage oral.

2° Par le témoignage écrit.

213. Deux témoins suffisent pour établir la notoriété; un plus grand nombre est également admissible.

214. La notoriété par le témoignage écrit s'établit par deux témoins au moins pardevant le *Cadi* du lieu.

215. Ce magistrat écrit les témoignages, inscrit les noms des témoins dans son acte; mais aucun des individus qui concourent à constituer l'acte de notoriété, ne signe avec le *Cadi*.

216. Cet acte est revêtu de la signature du *Cadi* et de celles de deux de ses assesseurs.

DU VOL.

217. Le vol simple, appelé communément *soustraction*, *filouterie*, est puni selon les circonstances plus ou moins aggravantes.

218. Le juge prend en considération, avant l'application de la peine, les antécédens de l'accusé.

219. L'application des peines pour les délits de cette nature, sont :

220. La restitution de l'objet soustrait, soit en nature, soit en valeur espèce, soit un objet d'égale évaluation.

221. La bastonnade ou la prison selon la gravité du cas, ou les antécédens de l'inculpé.

222. La restitution des objets est l'application la plus ordinairement faite.

223. Le vol par escroquerie ou par abus de confiance, n'est pas considéré comme vol et n'est par conséquent puni par aucune loi.

224. La loi n'admettant aucune espèce de preuves contre lui, le magistrat le livre au jugement de sa conscience.

225. Les musulmans regardant comme un péché irrémissible la mauvaise foi, l'abus de confiance, pensent que le coupable est suffisamment puni par une conscience trop chargée.

226. Le vol avec effraction est puni selon la gravité des circonstances :

Par la bastonnade,

Par la prison,

Par l'amputation de la main.

227. Il n'y a pas de circonstances atténuantes, soit que le vol avec effraction ait été fait à l'aide d'une ou de plusieurs personnes;

228. Qu'il ait été commis de jour ou de nuit.

229. Dans l'un ou l'autre cas l'accusé est puni par la prison jusqu'à ce qu'il ait avoué son crime.

230. La bastonnade succède à ce premier moyen jusqu'à l'aveu.

231. L'amputation succède à la bastonnade, s'il n'y a pas aveu.

232. Si malgré cette dernière épreuve, l'accusé persistait à ne pas s'avouer coupable, et qu'arrivé au moment où le bourreau doit exécuter le jugement, l'accusé déclarait consciencieusement et sincèrement ne pas être l'auteur du vol, il serait immédiatement mis en liberté.

233. Toutes poursuites cesseraient alors contre l'accusé.

234. L'aveu du vol à la première interrogation, amène la restitution triple des objets volés.

DEUXIÈME PARTIE.

—

DE LA JUSTICE ISRAÉLITE.

V.

DE LA LÉGISLATION ISRAÉLITE.

La première de toutes les législations est, sans
contredit, celle du peuple juif. Si l'on voulait
lui contester la priorité dans l'ordre organique
des peuples, on ne saurait lui contester du
moins la supériorité de ses principes, non plus
qu'une prévoyance trop minutieusement étendue sur une large base en faveur de tous les
besoins de l'homme.

4

La *Bible* est le livre sacré des Hébreux, c'est l'histoire du *peuple de Dieu;* c'est aussi le réglement de vie, la déclaration de principes, la conservation des droits de chacun; enfin, c'est le livre de l'observation de tous les devoirs civils et religieux de ce peuple extraordinaire, peuple dont les siècles et les persécutions n'ont pu détruire la nationalité, la nationalité qui fait que le peuple juif est nation partout où il se trouve, fût-il même réuni en société individuelle. La *Bible* est donc le livre par excellence, celui qui a donné naissance à tout le système législatif ancien et moderne.

Les persécutions dont les Juifs devinrent bientôt l'objet, apportèrent quelques modifications dans le système législatif, la négligence dans l'application des lois et l'affaiblissement des idées religieuses. Cet abandon de tous principes est dans l'histoire des peuples la marche ordinaire des âges, qui conduit à la décadence des nations.

Il fallait donc, dans l'intérêt de la nation, s'empresser d'éviter la crise qui se préparait et qui tendait au renversement des lois générales. Cette œuvre colossale reçut son exécution. Le nommé Jouda-Anici-Rabinos-Acados, prince israélite en Palestine, a coordonné les lois, les

a commentées et abrégées, au point de les res-
serrer dans trois volumes in-8º de grosseur ordinaire.

Ce recueil de lois comprenant la totalité du
code civil et religieux de la généralité des Israélites, a reçu le nom hébreux de MIZNAHH, qui
signifie *recueil et réunion des lois et réglemens.*

Ce livre qui est considéré comme ayant été
le régénérateur des lois israélites, a été, par
son auteur, divisé en 6 parties qui traitent de
tout ce qui se rapporte aux usages, coutumes,
cérémonies, intérêts généraux ou privés. La
réunion de ces 6 parties formait, il y a encore
trois siècles, le code qui régissait les Juifs ré-
pandus sur toute la surface du globe.

PREMIÈRE PARTIE OU CHAPITRE.

La première de ces 6 parties ou chapitres se
nomme ZÉRAÏME, qui signifie en langue hébraïque *semences.* Ce chapitre traite du réglement de la vie intérieure des Juifs et de tout
ce qui peut être pour eux d'un intérêt immé-
diat, soit sous le rapport de la conduite religieuse, soit sous celui des préceptes de propreté et de bonne vie.

Il traite également de la culture des terres,

qui se trouve soumise à des lois sévères; et surtout des époques propres à ensemencer, et des récoltes dont la totalité n'appartient pas, toujours aux propriétaires. Nous prendrons, un exemple parmi tous ceux qui se présentent:

Un arbre qui serait planté ne peut rapporter à son propriétaire qu'à la cinquième année; la récolte des trois premières années est abandonnée, soit que le fruit sèche sur l'arbre, soit qu'il devienne le profit du premier venu. Le produit de la quatrième année appartient entièrement au sacerdoce; c'est un droit qu'il ne manque jamais de réclamer et qu'il sait s'adjuger.

Une partie de ce chapitre s'appelle ORTA, ce qui signifie en langue hébraïque *habillement*, et traite de la nature des tissus employés pour les effets d'habillement qui paraissent être soumis à des règles ou à des coutumes qui, par l'usage, ont acquis, chez ces peuples superstitieux, force de lois.

L'ORTA défend le mélange des produits dans la fabrication des tissus; l'homme, d'après cette loi, ne pourrait porter ou se servir d'un tissu de laine et soie, de fil et laine, coton et fil, etc. Cet article s'applique également aux usages à observer à l'égard du labourage des

terres; il désigne également l'époque à laquelle
la terre doit être remuée. Ainsi le repos de la
terre est obligatoire, et ce repos arrive tous les
sept ans, la septième année ne devant rien
produire.

Le même article défend également aux culti-
vateurs ou laboureurs de faire labourer la
terre ou sillonner la charrue traînée par des
animaux d'espèces différentes. Ainsi une charrue ne pourrait être attelée d'un âne et d'un
bœuf, d'un cheval et d'un mulet; il faut nécessairement que la charrue soit attelée de deux
bœufs, deux ânes, deux mulets ou deux che-
vaux.

Une autre partie de ce chapitre traite des
droits prélevés par le sacerdoce sur la classe
indigente et laborieuse des populations juives.
Cette partie s'appelle la TÉROUÏMA; elle règle
la *dîme* à donner annuellement aux prêtres.
Cette *dîme* consistait à se dépouiller de la
dixième partie de tout ce qui constituait la
fortune de l'individu. Outre cet impôt vexatoire, le sacerdoce en prélevait un autre qui
ne l'était pas moins; c'était la dixième partie
de toute récolte ou produit industriel et com-
mercial. Cet article ordonne enfin à tous les
Israélites de jeter au feu un morceau de pâte,

toutes les fois qu'ils pétrissent. Cette cérémonie est en commémoration de la fuite précipitée des Israélites qui furent surpris et chassés par les troupes de Pharaon, au moment où ils pétrissaient le pain du lendemain.

Une dernière partie de ce même chapitre traite des *prémices*. On entend par *prémices* l'abandon de chaque première chose, de quelque nature qu'elle soit, qui écheoit à un individu; ainsi le premier poulet, le premier poulain, le premier fruit, le premier enfant même est donné au sacerdoce. Ce don est obligatoire, mais il n'empêche pas le rachat de l'objet ou de l'individu offert en *prémices*. Ce rachat s'effectue contre des espèces. Cette partie s'appelle Biskourimm.

DEUXIÈME PARTIE OU CHAPITRE.

La deuxième partie ou chapitre est appelée Cedermouïth et ne traite que des observations des fêtes et samedis, des cérémonies à observer pendant ces saints jours de recueillement, de retraite et de prières.

Les fêtes observées par toute la nation israélite sur toute l'étendue du globe, sont :

1° Les samedis de chaque semaine.

2° Les premiers de chaque mois.

3° *Soucos* (pâques des cabanes, sept jours de fêtes). Les deux premiers et les deux derniers jours interdisent toute espèce de travail. Cette fête est en commémoration de la sortie d'Égypte.

4° *Khraouka*, ou fêtes des Machabées, durent huit jours. En commémoration de l'huile qui a été trouvée par les Machabées, dans le temple et après sa destruction.

5° La fête d'Esther et d'Assuérus, appelée *Pourim*. Cette fête dure deux jours. Ce sont des jours de réjouissances.

6° *Pissakhre*, ou grandes pâques, a huit jours de durée. Cette fête est en commémoration du pain fait sans levain, par suite de la précipitation avec laquelle les Israélites abandonnèrent l'Égypte.

7° Les *Soubououths* signifient les tables de la loi données à Moïse sur le mont Sinaï. Cette fête qui dure deux jours est une grande solennité.

Les Israélites ont donc quatre-vingt-douze jours de fêtes dans une année composée de 365 jours, ainsi que le prouve le détail qui suit :

Cinquante-deux samedis dans une an-   jours.

née, ci.   52

Treize mois de 29 jours à 1 jour par

mois, ci.   13

Soucos (pâques des cabanes) sept jours,

ci.   7

Khraouca (fêtes des Machabées) huit

jours, ci.   8

Pourim (fêtes d'Esther et d'Assuérus)

deux jours, ci.   2

Pissakhre (grandes pâques) huit jours,

ci.   8

Soubououths (tables de la loi) deux

jours ci.   2

         Total des jours de fêtes. . .   92

TROISIÈME PARTIE OU CHAPITRE.

Ce troisième chapitre est appelé CEDERNOCHIM; il est le complément des lois, des usages, des coutumes et réglémens applicables à la vie de la femme, dans son existence sociale ou privée.

C'est dans cette loi où l'on trouve l'application d'une épreuve, souvent funeste, faite à la femme par le fanatisme religieux, une dégoûtante superstition et ignorante crédulité. Cette épreuve doit éclairer les doutes que des soupçons outrageans auraient fait naître dans l'esprit ombrageux du mari sur la conduite de sa femme.

Cette épreuve consiste à conduire la malheureuse femme au pied du tabernacle; là, le mari fait connaître au pontife ses soupçons. Le pontife, après cette déclaration, prend un peu de terre au pied du tabernacle, la délaye dans de l'eau et fait boire le tout à la victime. Si la femme est pure de sentiment et de conscience et d'intention, la boisson doit produire sur elle un effet prodigieux de jouissance et de contentement qui se lit immédiatement dans ses yeux; alors elle est proclamée innocente et portée en triomphe jusques dans sa demeure. Si la femme est coupable, l'effet de la boisson doit se manifester par une mort prompte et violente; son cadavre est alors jeté sans sépulture.

Voilà des lois bien horribles! Il est heureux pour les peuples que l'expérience et le temps les effacent entièrement du grand code des destinées humaines.

Ce chapitre traite aussi des droits de la femme, des promesses qu'elle contracte, et des vœux qu'elle forme.

5.

QUATRIÈME PARTIE OU CHAPITRE.

Cette partie est appelée du mot hébreu Nékésim, qui signifie *justice*. Ce chapitre traite des cas de justice, dans toute l'acception du mot. Il délimite les attributions du juge de paix et de toutes les causes ou contestations qui ressortent de sa juridiction. Il est aussi question dans ce chapitre de toutes les discussions et contestations financières de quelque nature qu'elles soient. Il traite également des intérêts généraux. L'importance du serment y est savamment démontrée. Les lois sur le témoignage y sont consignées et traitées avec toute la sévérité que peut comporter un semblable sujet. C'est dans ce livre que les docteurs et les interprêtes de la loi puisent les connaissances qui sont nécessaires à l'accomplissement de leurs devoirs; c'est de là qu'ils établissent la base de leurs doctrines civile, politique et judiciaire.

CINQUIÈME PARTIE OU CHAPITRE.

Cette partie est connue sous la dénomination de Sader-Kadachim, ce qui signifie en hébreu *ordonnance sainte, saint réglement, avis sacré.* On peut comprendre à ces diverses dénominations qu'il ne s'agit dans ce chapitre que de l'observation des lois et usages sacerdotaux, de l'administration intérieure des temples et synagogues, des devoirs des rabins, de ceux des grands pontifes du temple et de la juridiction directe de ces derniers sur leurs inférieurs.

SIXIÈME PARTIE OU CHAPITRE.

Cette sixième partie a rapport à la purification et s'appelle en langue hébraïque CEDER-THAROTH. Elle traite de certaines cérémonies et devoirs religieux; elle est relative aux hommes et aux femmes indifféremment.

Toutes les lois, avis et réglemens compris dans ces six parties ont été réunis, revus et commentés par quelques docteurs, qui les ont abrégés. Après cette œuvre de patience et d'érudition, les mêmes docteurs en ont formé un recueil auquel ils ont donné la dénomination de TALMUD-IOURZALMI.

Cet ouvrage ne devait précéder que de quelques années un travail entrepris sur une plus large base, laquelle était d'autant plus étendue qu'elle s'harmonisait avec la marche du temps et les progrès de la civilisation. A cette époque la nature des discussions augmentait en multipliant les besoins des hommes.

Cette œuvre colossale fut entreprise par les docteurs Rabino et Ravacé; ils ont, ainsi que je l'ai déjà dit, revu et commenté toutes les lois qui les avaient précédés. Avant de mettre la dernière main à leur ouvrage, ils consultèrent les docteurs de tous les colléges réunis en grand *Sanhédrin*. Ces deux docteurs profitèrent de tous les avis qui leur furent donnés, et ce n'est que dans une dernière et solennelle réunion des docteurs que les lois commentées et coordonnées furent définitivement arrêtées. Tous les articles furent vivement discutés, mis aux voix, adoptés ou rejetés à la pluralité des voix.

Toutes ces lois réunies formèrent à l'impression la matière de douze volumes in-folio, et cet immense recueil reçut la dénomination bien connue de Talmud, qui signifie *recueil* ou bien encore *traité général*. Le Talmud n'est autre que le fameux livre appelé *Miznàhh*, raisonné dans toutes ses parties.

A ces commentateurs en succédèrent d'autres, qui sont Rachi et Tassafar, puis Aroche et Moarcha, puis après Arif, qui fut enfin le dernier.

C'est d'après les principes de ces commentateurs et l'application des lois, que le peuple juif a été gouverné jusque vers le quinzième siècle. A cette époque, les *Mayemonistes* parurent à la suite du législateur *Moïse Arambam*, fils de *Mayemont.* Ce savant avait expliqué et commenté de nouveau le *Talmud* ainsi que les autres lois; il était aussi parvenu à les abréger et à réduire le tout en quatre volumes in-folio. Ce nouvel ouvrage reçut le nom de MEZNITHORA.

Ce nouveau texte de lois fut encore commenté peu de temps après par les docteurs Kessib-Miginé, Lékhrem-Miginé, Miginé-Le-mélékhre.

Un siècle plus tard et environ vers le commencement du dix-septième siècle, le docteur Rabi-Ioussef-Caro recueillit les opinions et les commentaires déjà connus des docteurs Aroche, Arif et Arambam, les coordonna, et à l'aide de ses propres opinions, fit un résumé de toutes ces lois et en forma quatre volumes in-8°. Cet ouvrage est aujourd'hui le code de toute la législation qui régit l'universalité du peuple israélite sur toute l'étendue de la terre.

DU TRIBUNAL ISRAÉLITE A ALGER.

De tout temps, les lois ont été la sauve-garde des nations, et c'est par le respect que chaque individu doit à la loi, que les masses peuvent conserver le rang qu'elles doivent tenir parmi les nations. La manière de rendre la justice est donc le seul moyen d'assurer l'inviolabilité des lois, d'en maintenir la majesté ou d'en affaiblir l'effet ou l'annihiler enfin, par l'indifférence qui a pour résultat l'oubli de tous les devoirs.

Les Juifs ont malheureusement pour eux adopté ce dernier parti. L'esprit de servitude les a évidemment conduit à une coupable in-différence; persécutés par les hommes, ils ont lâchement obéi aux lois arbitraires et capri-cieuses des gouvernans.

Esclaves fanatiques de leurs mœurs, de leurs coutumes religieuses, ils n'ont déserté que leurs lois nationales. Ils ont abandonné les traditions de leurs pères pour caresser des an-tipathies, et pour être, avec un orgueil déme-suré, les vils esclaves des peuples qui veulent bien les recueillir. C'est ainsi qu'on leur laisse croire à l'exercice de certains droits contre le-quel viennent se heurter, avec plus de force, tous les préjugés que les siècles passés n'ont pu encore détruire.

Ce système vexatoire, convenu, arrêté entre toutes les nations de la chrétienté et de l'is-lamisme, ainsi que cette insouciance à secouer tout ce qui est contraire à la dignité de l'homme, par les Juifs, existent plus particu-lièrement chez les nations asiatiques et africai-nes que chez les nations d'Europe qui tendent toutes vers le même but, celui de l'égalité et l'émancipation universelle. Il faut, au rang de ces nations africaines, placer en première ligne l'ancienne régence d'Alger, où l'antipathie des indigènes musulmans pour les Juifs, s'est accrue de tout le mépris que les Européens ont apporté depuis la conquête.

Il n'y a point de jour où l'esprit observateur ne soit à même de remarquer que ce funeste abandon de toute dignité de la part des Juifs, se renouvelle à chaque instant devant le tribunal israélite, où la moindre discussion d'intérêt les oblige à se transporter. A cet égard il est aussi juste de faire observer que les juges et les justiciables ne se doivent rien. Les premiers jugent sans dignité, et les seconds exposent leurs griefs sans convenance.

Le sanctuaire même où se rend la justice est sans majesté. Nous allons essayer d'en faire la description, et quoi que nous en puissions dire, nous serons toujours en dessous de la vérité.

Le tribunal israélite à Alger est placé au milieu de la population qui doit y porter ses plaintes et dans l'un des quartiers les plus malsains de la ville; les abords de ce tribunal sont sales et dégoûtans. On ne saurait s'imaginer, en voyant une ruelle ou un corridor long et sombre (car on ne peut trop dire ce que c'est au juste), que c'est là l'entrée du tribunal et que c'est dans ce lieu que se réunissent les organes de la loi.

Le lieu des séances est également sombre et malsain; l'air n'y circulant pas, il en résulte une odeur désagréable et nauséabonde, qui augmente et se fortifie encore de toutes les émanations pestilentielles qu'apportent avec eux les plaideurs. Il faut le dire, à la honte de la nation juive, ces malheureux sont pour la plupart affligés de maux et de plaies qu'une nourriture plus saine et une propreté suivie feraient bientôt disparaître. C'est néanmoins dans un lieu semblable que le grand juge, deux juges assesseurs et un greffier se réunissent chaque jour de la semaine (le samedi excepté), pour écouter l'exposition des diverses affaires qui se présentent.

Les séances du tribunal ont lieu le matin, à dix heures, et se continuent jusqu'à trois ou quatre heures de l'après-midi.

Il n'y a point d'inscriptions au rôle; les plaignans se présentent, exposent la nature de la contestation qui les amène, produisent leurs témoins, défendent leurs droits, sans aucune autre forme et toujours séance tenante. Le juge peut remettre l'affaire, s'il croit que cette remise soit nécessaire, mais sans obligation aux parties de comparaître de nouveau.

Il peut également, sur la déposition de l'une des parties, obliger l'autre à comparaître. Si elle s'y refusait, il emploirait les moyens que la loi met entre ses mains. Les moyens violens, les mesures coërcitives à l'aide desquels le juge punit ou se fait obéir, sont : la prison et la bastonnade.

C'est à la majorité de deux voix sur trois que se rendent les jugemens. On n'inscrit pas les considérans et par conséquent on n'en délivre pas d'extrait. Le greffier n'est là que pour tenir note des affaires importantes et qui demandent l'audition d'un grand nombre de témoins.

L'exécution des jugemens est immédiate. Dans le cas où la partie condamnée ne voudrait pas s'y soumettre, le juge emploierait l'autorité des *chaouïches* (gendarmes) qui sont à sa disposition.

Il est rare que dans l'exposition d'une affaire, les parties ne passent d'une étrange volubilité et de gestes animés aux sottises et aux voies de faits. Le juge, dans ces circonstances, parvient difficilement à se faire entendre et obéir ; le bâton peut seul rétablir la tranquillité et quelques fois même la bonne harmonie.

Les juifs, ainsi que je l'ai déjà dit, se montrent peu respectueux à l'égard de leurs juges ou rabins, mais ils ne sont en aucune circonstance exempts de servilisme (4).

Après ces détails que nous venons de donner, et qui ne paraitront peut-être pas inutiles à nos lecteurs, il ne nous reste plus qu'à rapporter les principales dispositions de leur code civil et religieux.

VII.

PRINCIPALES DISPOSITIONS DU CODE CIVIL
DES ISRAÉLITES.

—

DES PERSONNES.

1. Les israélites ont des noms de famille; ils diffèrent en cela des musulmans qui n'en ont pas.

2. Chaque fils ajoute à son nom de famille, le prénom de son père; c'est Chamouli fils de David.

3. L'universalité des israélites se compose de *maîtres* (indépendans) et de *domestiques* (dépendans).

4. Les maîtres sont égaux devant la loi de Moïse; ce sont les hommes libres de tout devoir ou de tout enchaînement servile.

5. Ils peuvent arriver aux premières dignités ou fonctions.

6. Les domestiques sont les gens à gages; ils n'ont avec les premiers qu'une égalité conventionnelle.

7. En vertu de cette égalité, ils peuvent invoquer contre leurs maîtres la puissance des lois.

8. La femme est sous la dépendance de l'homme, chacune suivant le rang où le sort l'a placée, soit qu'elle appartienne à un maître ou à un serviteur.

9. L'esclavage parmi les Juifs a été aboli lors de la destruction du temple.

10. Les israélites peuvent néanmoins acquérir des esclaves et les prendre parmi les Nègres musulmans.

11. Dans ce cas, ils rentrent dans les droits qui existent en faveur du maître contre l'esclave, de quelque sexe qu'il soit.

12. Un esclave est une propriété qui appartient en tout point au propriétaire.

13. Il peut en disposer comme bon lui semble.

14. L'esclave ne peut se racheter.

15. Il peut être affranchi par ses maîtres ; dans ce cas, il jouit des droits de l'homme libre.

16. L'esclave mâle ou femelle n'est justiciable que de son maître.

17. Les enfans nés d'une esclave et d'un esclave deviennent, à l'égal de leurs père et mère, propriétés du maître.

18. Il pourra en disposer comme bon lui semblera.

19. Les esclaves contractent mariage entre eux.

20. Il faut qu'ils appartiennent au même maître.

21. L'esclave affranchi, de l'un ou l'autre sexe, acquiert les mêmes droits qui appartiennent à son sexe.

22. Du temps où la nation israélite pouvait prendre ses esclaves parmi les siens, les maîtres étaient obligés de les affranchir après sept années de servitude.

DE LA NAISSANCE.

23. La naissance des enfans de l'un ou l'autre sexe ne se constate pas, à moins qu'elle

ne soit portée sur le régistre particulier du *Moël* (fonctionnaire qui préside aux naissances et qui est chargé de faire l'opération de la circoncision).

24. Il n'y a dans aucun gouvernement israélite d'*état civil*.

25. Point d'acte de naissance.

26. Point d'acte mortuaire.

27. La notoriété publique, le deuil de la famille et l'anniversaire tiennent lieu de ces deux actes.

28. La *naissance* est établie par la circoncision faite le huitième jour de la naissance.

29. L'exposition et les prières publiques établissent la *mort*.

DE L'AUTORITÉ PATERNELLE.

30. Les père et mère ont une autorité toute puissante sur leurs enfans, quel que soit d'ailleurs leur âge.

31. Les père et mère doivent protéger, nourrir, élever et donner un état à leurs enfans.

32. Ils ont sur leurs enfans les droits d'une extrême et rigoureuse correction.

33. Si la mort de l'un ou de plusieurs en-

fans, par suite de coups ou blessures graves, résulte de la correction brutale du père ou de la mère, celui-ci ou celle-ci sont admonestés par le Rabbin, qui leur inflige de plus la bastonnade et la prison.

34. Les enfans, dans les discussions d'intérêts, ne peuvent invoquer le serment contre leurs père et mère.

35. Les père et mère doivent compte de la légitime qui revient à chaque enfant mâle, ainsi qu'aux filles tant qu'elles ne sont pas mariées.

36. Cette légitime n'est exigible qu'à l'âge de treize ans et un jour pour les mâles, et douze ans et un jour pour les filles.

37. Ce droit de réclamer la légitime n'est accordé à l'enfant mâle qu'après y avoir été autorisé par le tribunal israélite, qui nomme un tuteur à l'effet de gérer ladite légitime jusqu'à l'âge de dix-huit ans pour les mâles, et pour les filles jusqu'à leur mariage.

38. Les filles demeurent sous la tutelle paternelle et maternelle jusqu'à leur mariage.

39. Il n'y a pour elles ni petite, ni grande majorité.

DES ALIMENS.

40. Les alimens sont dûs par les père et mère à leurs enfans ou consanguins.

41. Par les père et mère à leurs enfans, malgré le cas de divorce.

42. Par la mère aux enfans, malgré le cas de divorce et l'abandon volontaire des enfans à l'époux, si l'époux est malheureux.

43. Par les enfans aux père et mère.

44. Par les enfans aux ayeuls paternels et maternels, aux consanguins.

45. Par les ayeuls paternels et maternels et les consanguins aux enfans et petits enfans, etc.

DU MARIAGE.

46. Le mariage se contracte par devant le Rabin, ou son délégué, et deux témoins.

47. Huit autres témoins sont nécessaires à la célébration, pour compléter l'acte du mariage.

48. Le mariage est également valable dans le cas où pour les fiançailles, un anneau aurait été mis au doigt de la femme ou de la fille, par le futur époux.

49. Tout mariage est dissoluble.

5o. Nul ne peut contracter mariage sans le consentement des père et mère.

51. Si le père est mort et que la fille soit encore sous la puissance maternelle, elle ne peut se marier qu'avec le consentement de la mère, quel que soit d'ailleurs son âge.

52. Le contrat stipulant la dot ou les intérêts des parties, est dressé en présence du Rabin ou de plusieurs témoins.

53. L'homme peut contracter légitime mariage avec deux femmes à la fois, dans le cas seulement où, après une union de dix années, la femme ne lui aurait pas donné d'enfans.

54. La stérilité de la femme suffisamment prouvée, permet le second mariage, sans toutefois dissoudre le premier.

55. L'époux doit une égale protection à ses deux femmes.

56. Dans ce cas, l'époux est dans l'obligation de tenir chaque femme en particulier, distincte et séparée l'une de l'autre.

57. Néanmoins l'époux peut se dispenser de cet arrangement onéreux, si les femmes consentent à vivre entre elles et en parfait accord.

58. Le frère de l'époux défunt est dans l'obligation d'épouser la veuve.

59. Il doit aussi, en épousant la mère, adopter les enfans, s'il y en a.

60. Néanmoins l'homme peut refuser cette union et cette adoption par devant les Rabbins. Il faut que la femme veuille bien agréer ce refus.

61. Il ne peut être constaté définitif que du moment où la veuve, devant le tribunal, crache sur la figure du beau-frère qui refuse de devenir son époux.

62. La veuve est alors libre de se remarier.

DES DROITS CONJUGAUX.

63. L'époux doit protection, secours et assistance à sa femme ou à ses femmes.

64. Il est dans l'obligation de la nourrir, vêtir et entretenir selon ses moyens personnels ou selon la dot qu'il a reçue.

65. Si l'époux a plusieurs femmes, il contracte envers chacune d'elles l'obligation de leur accorder une part égale de protection et d'assistance.

66. Il doit aussi les entretenir toutes également et sans préférence, en fait de nourriture, d'effets d'habillement de luxe ou autres.

67. Il ne doit point oublier que le mariage est un nœud sacré qui mérite toute l'attention de l'homme.

68. L'époux doit en conséquence, quand il a plusieurs femmes (et il peut en avoir légalement deux), payer à chacune d'elles la dette conjugale.

69. Il résulte du droit de surveillance accordé au mari sur la femme, celui de l'admonester seulement.

70. L'homme ne peut, sous aucun prétexte, frapper sa femme.

71. Dans le cas de préjudice notable sur la personne de la femme, ou de blessures graves résultant de coups, l'époux est puni sévèrement.

72. Si la mort de la femme était provoquée par suite de coups ou blessures graves, l'époux serait condamné à la prison et à la bastonnade.

73. Si la femme frappait l'époux, celui-ci pourrait immédiatement la répudier en faisant sa déclaration devant le Rabin. Dans ce cas, la dot resterait entre les mains de l'époux.

74. L'époux est le seul administrateur des biens de la femme, qui deviennent, après le mariage, propriété de l'époux.

75. Néanmoins l'héritage qui pourrait survenir après le mariage de la femme, demeure sa propriété particulière.

76. La femme peut cependant lui donner le droit d'administrer et de disposer de ses biens, par une procuration régulièrement passée devant le tribunal israélite.

DE L'ADULTÈRE.

77. L'adultère est considéré comme une action criminelle.

78. L'époux peut poursuivre la femme en adultère.

79. La femme ne peut pas poursuivre l'époux en adultère.

80. Il faut de fortes preuves à l'époux avant de pouvoir accuser sa femme d'adultère.

81. La preuve d'adultère n'est admise en justice que sur le témoignage de témoins honorables. Il faut, pour que la justice puisse donner cours à la procédure que les témoins déclarent avoir vu la femme souillant avec un étranger la couche conjugale.

82. La femme, ainsi convaincue d'adultère, est condamnée à subir le divorce et à perdre la totalité de sa dot.

83. Si la demande en divorce de l'époux est formée par suite de l'opinion qui accuse la femme, le divorce est prononcé, si le tribunal accrédite ces bruits. Dans ce cas, la femme n'est pas privée de sa dot.

84. Le divorce, par suite d'adultère, est admis, dans le cas où l'époux et les témoins prouveraient que la femme est mère par suite d'un commerce illégitime.

85. L'enfant né de cette union criminelle, est réputé enfant naturel et est inscrit comme tel sur le régistre du *Moël*.

86. Il est défendu à la femme divorcée, de vivre on de se remarier avec son complice.

DU DIVORCE.

87. La répudiation ou divorce se fait de gré à gré, s'il y a parfait accord, et en présence d'un écrivain *ad hoc* délégué par le tribunal.

88. L'époux est toujours libre de répudier sa femme le lendemain même de son mariage, sans que pour cela, il soit dans l'obligation d'articuler des faits pour justifier sa conduite.

89. La femme peut refuser son consentement au divorce demandé par son mari, sans motif.

90. La femme peut demander le divorce devant le tribunal, dans le cas où l'époux serait atteint de maladies honteuses.

91. La femme peut également demander divorce pour mauvais traitemens ou sévices graves, après avoir toutefois fourni à la justice des témoignages irrécusables.

92. L'époux divorcé peut reprendre sa femme plusieurs fois, c'est-à-dire autant de fois qu'il l'aura répudiée.

93. L'époux ne peut reprendre la femme qu'il aura répudiée qu'autant que celle-ci y consentirait et qu'elle ne serait pas surtout remariée à un autre.

94. Les *israélites sacerdotaux*, c'est-à-dire ceux qui descendent d'Aaron et qui ont nom de *Coën* ou *Cohen*, ne peuvent, une fois divorcés, reprendre la femme qu'ils auraient répudiée.

95. Néanmoins il faut qu'entre l'abandon et la reprise, la femme ait subi l'épreuve de trois époques périodiques.

96. Le divorce qui aurait eu lieu par suite d'adultère, est définitif.

97. A moins de donation antérieure au divorce, la femme reprend tout ce qu'elle a apporté en mariage.

98. La femme reprend encore avec elle les enfans mâles issus de son mariage.

99. Les filles doivent rester au père.

100. Néanmoins la femme peut prendre ses filles avec elle, si l'époux y consent. Elle peut également lui abandonner les enfans mâles, s'il y a accord entre les époux.

101. Les époux divorcés ne se doivent plus rien ; ils deviennent étrangers l'un à l'autre.

102. La femme divorcée reprend tous ses droits. Elle peut se remarier à son gré.

103. Néanmoins dans ce cas, et pour l'administration de ses biens, elle doit être assistée de ses père et mère, ou, à défaut, de ses plus proches parens.

DU DÉCÈS.

104. Le décès n'est jamais constaté.

105. Il n'y a point d'état civil, point d'acte mortuaire qui viennent établir les droits des héritiers.

106. L'homme peut tester ou disposer de ses biens après sa mort.

DES SUCCESSIONS.

107. L'époux, les enfans de l'un et l'autre sexe, les parens sont les héritiers naturels du défunt. Le droit de succession s'établit selon le degré de parenté.

108. Les partages se font ordinairement de gré à gré entre les parties.

109. Néanmoins les juges président au partage de la succession, en cas de discussion entre les parties.

110. Les cas d'inventaires sont rares et n'arrivent que par les contestations qui s'élèvent entre les parties.

111. Néanmoins, dans le cas où il y aurait des mineurs, l'inventaire devient obligatoire et se fait par deux personnes déléguées par le tribunal israélite.

112. Si le défunt ne laisse aucun héritier, son héritage est conservé entre les mains de l'administrateur des *successions vacantes*.

113. Les créanciers ont le privilége sur tous les ayant-droits à une succession, dans le cas où le défunt aurait laissé des dettes.

114. Si le défunt ne laisse pas d'enfans, la veuve s'empare de la moitié de l'héritage,

l'autre moitié revenant aux parens ou héritiers directs (d'après la coutume établie en Espagne et à Maroc).

115. Dans le Levant et dans les régences de Barbarie, les héritiers s'emparent de toute la succession sans en tenir aucun compte à la veuve.

116. Ils sont néanmoins dans l'obligation de la recueillir chez eux, la nourrir et l'entretenir pendant trois mois au moins.

117. Passée cette époque, les héritiers sont en droit de ne plus continuer l'hospitalité et les alimens.

118. Dans ce cas ils sont tenus de rendre à la veuve et sa dot et ses bijoux.

119. Il résulte du droit de tester, la faculté au défunt de disposer de son bien, en partie ou en totalité, en faveur d'un étranger à sa famille.

120. Il ne peut toutefois disposer de la dot de sa femme.

121. Si le défunt laisse un enfant mâle, celui-ci hérite de la totalité, en réservant toutefois à la veuve les droits qu'elle pourrait avoir dans la succession, sous l'autorité des articles 114, 115 et 116. (*Voy. ces articles.*)

122. Si le défunt laisse une fille unique, elle hérite de la totalité, en réservant à la veuve les droits qui lui sont acquis par les articles 114, 115 et 116.

123. S'il y a plusieurs enfans de l'un ou l'autre sexe, l'aîné des garçons prélève deux portions de l'héritage pour sa propre part, comme aîné de la famille; le reste se partage également entre les autres enfans, après avoir toutefois conservé à la mère la part d'héritage qui lui revient d'après les articles 114, 115 et 116.

124. Les filles mariées sont exclues de tous droits à la succession paternelle ou maternelle.

125. S'il y a des enfans et que le père soit mort, les enfans héritent de la totalité des biens de leur mère.

126. Si l'époux existe, il hérite seul des biens de sa femme.

127. Néanmoins les parens de la femme peuvent réclamer à l'époux la totalité de la dot et des bijoux appartenant à la défunte.

128. A défaut d'époux et d'enfans, le bien de la défunte revient à ses parens, si elle en a.

129. A défaut de toute parenté, les biens de la défunte sont remis entre les mains de l'administrateur des *successions vacantes.*

130. Le mode de partage entre les enfaus de sexe différens, applicable à la succession du père, s'applique également et demeure le même à l'égard des héritiers de la mère.

DES TUTEURS.

131. Les enfans en minorité doivent avoir un tuteur.

132. Le tuteur est imposé aux mineurs par testament du défunt.

133. A défaut de testament, le tribunal israélite nomme d'office un tuteur aux enfans mineurs.

134. Le tribunal peut nommer un tuteur sur la présentation qui lui en est faite par la famille.

135. La veuve et mère des enfans n'est pas exclue de la tutelle.

136. Le tuteur ou subrogé tuteur, agissant au nom du tribunal ou des parens, exerce sur ses pupilles les mêmes droits que s'il en était le père.

137. Il doit protéger, élever et entretenir les enfans dont il est le tuteur.

138. Le tuteur ne peut pas jouir de l'usufruit des biens qui appartiennent à ses pupilles.

  PRINCIPALES DISPOSITIONS

139. A moins que ce ne soit dans l'intérêt de ses pupilles.

140. Il peut en conséquence les aliéner pendant la minorité des enfans, après en avoir toutefois obtenu l'autorisation du tribunal israélite.

141. Le tuteur ne doit compte de sa gestion à ses pupilles qu'à l'âge de vingt ans pour les mâles, et pour les filles à l'heure de leur mariage seulement.

142. Le tuteur a droit de correction sur ses pupilles.

143. Cette correction doit être modérée.

144. Si des coups ou blessures grâves entraînaient la mort, le tuteur serait justiciable des tribunaux israélites.

145. Le tuteur est en droit de réclamer les dépenses qu'il aurait faites pendant sa gestion à l'égard de ses pupilles.

DES DONATIONS.

146. Toute donation est possible.

147. La donation ne peut se faire que par acte judiciaire, et surtout sans réserve aucune.

148. La moindre réserve faite dans l'acte de donation par le donataire, donne à celui-ci le droit de se rétracter.

149. Les donations ne se font qu'entre vifs.

150. Le donataire ne peut disposer de la chose qu'il donne qu'autant qu'il n'a ni femme, ni enfans.

151. Le donataire ne peut disposer que par testament.

152. Il ne peut disposer de rien, de son vivant, en faveur de qui que ce soit, qui pourrait être au préjudice de ses parens ou dans sa famille (femme et enfans).

153. Si le donataire n'a ni femme, ni enfans, il peut disposer de son bien, de son vivant, sans qu'il puisse trouver dans sa famille une opposition légale.

154. Les effets d'une semblable donation doivent avoir lieu du vivant même du donataire et par contract passé par devant les juges israélites.

155. Le père peut disposer d'une donation faite à l'un ou à plusieurs de ses enfans mineurs.

156. Néanmoins, pour que le droit de cette disposition soit légitimement acquis au père, il faut qu'il donne des motifs bons et valables.

157. La femme peut faire donation en faveur de son époux ou d'un tiers, de tout ce qui lui appartient, soit en effets, numéraires ou propriétés, qu'elle aurait acquis après le mariage, par héritage, par donation ou différemment.

158. Elle ne peut toutefois en disposer qu'autant qu'elle n'aurait pas d'enfans.

159. Dans le cas où la donation de la femme à l'époux, ou de celui-ci à la femme, serait suivie de divorce, la donation ne s'en tient pas moins bonne et valable.

160. La donation n'est valable qu'autant qu'elle est consentie par le donataire et par l'acceptant, et qu'il n'y a aucun cas de réserve.

DES DÉBITEURS ET CRÉANCIERS.

161. Tout prêteur ou vendeur est créancier.

162. Tout acheteur ou emprunteur est débiteur.

163. Nul ne peut vendre, prêter ou disposer de son avoir, s'il n'est majeur et s'il n'est sain de corps et d'esprit.

164. Tout marché ou engagement fait ou contracté par un mineur, et par conséquent avant sa majorité, est nul de plein droit.

165. Tout marché contracté par les parties est nul, s'il a eu pour principe la menace ou la violence. (Les juges sont indécis sur l'application de cet article qu'il faut regarder comme nul).

166. Néanmoins, si l'un des contractans déclare avoir consenti, sain de corps et d'esprit, au marché contesté d'abord, les juges déclarent les conventions faites bonnes et valables, alors même qu'elles auraient eu pour principe la menace ou la violence.

167. Les marchés se traitent de gré à gré, verbalement, tractativement, sur parole, sans écrit, par contract ou bien suivant l'usage du pays où l'on se trouve.

168. Si le débiteur nie devoir à son créancier, celui-ci n'a recours qu'au serment ou au témoignage.

169. Que le débiteur soit ou non en position de payer, le créancier ne perd jamais de ses droits.

170. Si le débiteur n'a rien, le créancier ne perd pas pour cela de ses droits; car le débi-

teur peut *devenir riche ou se trouver en position de payer.*

171. Il n'y a point de prescription.

172. Le débiteur qui s'acquitte est en droit
d'exiger un reçu ou une quittance.

173. Les prisonniers pour dettes sont nourris et entretenus conformément aux usages ou
lois du pays où ils se trouvent.

DU TÉMOIGNAGE.

174. Les témoins appelés pour une déposition quelconque, prêtent serment individuelle-
ment et avant la déposition, sans être séparés.

175. Ils n'énoncent ni leur âge, ni leur nom,
prénom, lieu de naissance et qualités. Ils ne
peuvent témoigner en faveur d'un parent, à
moins que ce ne soit au quatrième dégré de
parenté.

176. Les témoins prêtent toujours le même
serment. (Il est néanmoins bon d'observer ici
que les israélites ont quatre sermens différens,
selon la gravité des cas, et qui ont rapport à
toute autre circonstance que le témoignage.)

177. Le témoin est responsable du préjudice
notable qui aurait été causé par une fausse déclaration.

178. Cette responsabilité du témoin n'est admise qu'après qu'il y a eu preuve authentique de faux témoignage.

179. Le témoignage de l'homme corrompu est nul.

180. La femme ou les femmes ne sont point admises à témoigner, et ne sont même pas entendues à titre de renseignemens.

DES CURATEURS ET PROCUREURS FONDÉS.

181. Les curateurs administrent les biens et la fortune de ceux par qui ils sont commis à cet effet.

182. Le curateur prend soin des enfans qui sont confiés à sa surveillance jusqu'à leur majorité.

183. Il administre les biens et la fortune de son mandant avec probité et comme s'il s'agissait de son propre bien; toujours ayant pour base de sa conduite la crainte de Dieu.

184. Il a la faculté de vendre, louer ou affermer tel bien qu'il lui conviendra, placer telle somme qu'il voudra.

185. Pour qu'il puisse en agir ainsi, il faut que le mandat soit conçu en termes généraux.

186. Le mandataire peut excéder les limites du mandat.

187. Dans ce cas, il devient responsable de tout le tort qu'il a pu faire.

188. Tout mandat ou procuration est révocable.

DE LA NOTORIÉTÉ PUBLIQUE.

189. Deux témoins suffisent pour établir la notoriété; un plus grand nombre est également admissible.

190. Le témoignage se fait par devant les juges israélites.

191. Dans ce cas ils l'inscrivent sur un régistre *ad hoc*.

192. Cet acte ou inscription est revêtu de la signature des juges et assesseurs présens à l'audience.

DU VOL.

193. Le vol simple, appelé communément *soustraction*, *filouterie*, est puni selon les circonstances plus ou moins aggravantes.

194. Il importe avant tout que le délit ait

été bien constaté, par preuves testimoniales ou authentiques.

195. Le juge prend en considération, avant l'application de la peine, les antécédens de l'accusé.

196. L'application des peines, pour les délits de cette nature, sont :

197. La restitution de l'objet ou des objets soustraits, soit en nature, soit en valeur espèce, soit en un objet d'égale évaluation.

198. La bastonnade ou la prison, selon la gravité du cas ou les antécédans de l'inculpé.

199. La restitution des objets ou de leur valeur est l'application la plus ordinairement faite.

200. Le vol par escroquerie ou par abus de confiance est en dehors de toute application de la loi.

201. La loi n'admettant aucune espèce de preuves contre l'escroc, le magistrat le livre en conséquence au jugement de sa conscience.

202. Le vol avec effraction est puni, selon la gravité des circonstances :

Par la bastonnade,

Par la prison,

Par l'amputation de la main.

2o3. Il n'y a pas de circonstances atténuantes, soit que le vol avec effraction ait été fait à l'aide d'une ou de plusieurs personnes, qu'il ait été commis de jour ou de nuit.

2o4. Dans l'un ou l'autre cas, l'accusé est puni par la prison jusqu'à ce qu'il ait avoué son crime.

2o5. L'aveu du vol à la première interrogation amène la restitution triple des objets volés.

DU DROIT DE POSSESSION.

2o6. Le droit de possession appartient au premier locataire juif, d'une maison ou propriété neuve ou nouvellement bâtie, appartenant à un musulman.

207. Le possesseur de ce droit, le conserve toujours, lui et ses héritiers, sur la personne des locataires qui lui auraient succédé dans la propriété, alors même que la location aurait été faite de gré à gré entre les propriétaires musulmans et des nouveaux locataires.

208. Ce droit de possession, appartenant au juif, ne peut être exercé qu'à l'égard des juifs qui deviendraient locataires.

209. Le propriétaire musulman peut louer

à un musulman ou chrétien; dans ce cas, le juif perd de son droit de possession.

210. Ce droit n'existe donc que d'israélite à musulman; il ne peut exister entre israélites, israélite et chrétien.

211. Ce droit se perçoit en raison de l'importance de la maison ou de la propriété.

212. Ce droit ou redevance n'est en usage qu'en Palestine, dans quelques villes du Levant et à Alger plus particulièrement.

TROISIÈME PARTIE.

—

JURIDICTION
DU BUREAU ARABE, DE L'AGHA,
DES CAIDES ET SCHEIKS DE TRIBUS,
ET DES AMINNS OU CHEFS DE CORPORATIONS.

JURIDICTION

DU BUREAU ARABE, DE L'AGHA,

DES CAIDES ET SCHEIKS DE TRIBUS,

ET DES AMINNS OU CHEFS DE CORPORATIONS.

———

Je ne saurais mieux faire, pour établir la nécessité qui a provoqué l'institution du bureau arabe, que de rapporter en entier un article qui a paru en 1833, dans l'*Éclaireur* de Toulon.

Cet article qui donnera une idée précise de ce qu'était le bureau, est ainsi conçu :

DU CABINET ARABE A ALGER.

« Le duc de Rovigo qui avait habité l'Égypte et la Syrie, connaissait, plus qu'aucun de ses prédécesseurs, la manière de traiter avec les Arabes; il sentait que des hommes habitant les tribus, ou des villes éloignées ou environnant Alger, ne pouvaient, en venant réclamer en ville pour leurs intérêts privés ou généraux, suivre la longue filière de l'administration. Il fallait, en conséquence de ces lenteurs, donner à leurs réclamations un cours prompt, décisif et régulier; il conçut alors l'idée d'instituer un cabinet arabe dont la direction fut confiée (5) à M. Joanny Pharaon, son premier interprète. Les Arabes, les réclamations et la correspondance arrivaient à ce bureau, où un rapport journalier était fait et appuyé des traductions. Le général en chef en prenait connaissance, accordait ou refusait l'objet des demandes, ou donnait le sens des réponses à faire, et chaque affaire s'expédiait du jour au lendemain.

» L'organisation de ce cabinet ne coûtait rien, aucune dépense extraordinaire n'était allouée au sieur Pharaon, qui avait d'ailleurs pour système de ne rien donner aux autorités arabes qu'autant que ces gens acceptaient l'investigation de l'autorité française. C'est à la simple et bonne administration de ce cabinet que nous avons dû la tranquillité dont nous avons joui et la bonne harmonie qui existe encore aujourd'hui entr'eux et nous. Les cadeaux aux scheiks se faisaient avec économie et jamais la dépense d'un mois n'a excédé quatre-vingt-dix francs.

» C'est au chef de ce cabinet que nous avons dû la remise des armes que plusieurs généraux avaient confiées aux mains des Arabes; enfin, c'est à la correspondance qui paralysait l'activité des Arabes que nous avons dû les avantages remportés sur ces barbares.

» Tels sont les services qu'a rendus l'institution du bureau arabe, jusqu'au malheureux et fatal départ du général en chef. A peine le général en chef eut-il mis à la voile, que l'autorité par *intérim* (celle du général Avyzard) s'empressa de changer, non seulement le personnel, mais encore tout le système. M. le capitaine de la Moricière fut appelé à remplacer, dans les fonctions de chef du cabinet, le sieur Pharaon. Les sieurs Zaccar, Pharaon et Susporte, interprètes, demeuraient attachés à ce bureau; voilà pour le personnel. M. de la Moricière, quoique homme de mérite, ne connaissait cependant pas assez l'arabe pour occuper un poste où il fallait être continuellement avec les Arabes ; sa manière de s'exprimer dans cette langue est difficile et incorrecte; il fallait un homme qui connût la langue française et plus particulièrement l'arabe à fond. Aussi qu'en est-il résulté ?

» Que depuis le départ du général en chef, les Arabes ont pris un dégré d'impertinence qu'ils n'avaient osé prendre jusqu'à présent; les égards et la déférence qu'on leur temoigne en sont la seule cause ;

» Que les cadeaux qu'on leur fait, les indemnités qu'on leur accorde ont tellement augmenté leurs exigeances, que 6,000 francs par mois peuvent à peine suffire, le gouvernement ne passant au cabinet arabe que 72,000 francs par an;

» Que sous prétexte de faire faire un service de sûreté aux Bédouins, on leur délivre des armes, des munitions de bouche et de guerre et 60 centimes par jour;

» Et qu'enfin (et ceci paraîtra incroyable à nos lecteurs), le 24 de ce mois, par ordre du chef du cabinet arabe, on a relevé nos troupes des blockhauss qui ont été confiés à des Bédouins, lesquels sont armés à nos dépens et qui,

pour être nourris et payés par nous, n'en seront pas moins nos plus cruels ennemis.

» Ainsi, la sécurité qui existait entre nos
avant-postes et Alger n'existe plus aujourd'hui,
c'est une chimère qui ne tardera pas à s'éva-
nouir. »

A ce moment, les négociations qui avaient
été entamées avec Boudgi par le duc de Rovigo,
et qui avaient été suspendues lors de sa maladie,
furent remises sur le tapis par le capitaine de
la Moricière qui persuada au nouveau général
en chef Voirol, les immenses avantages qui
pourraient résulter de la prise de Boudgi. Sans
entrer dans de plus longs détails à cet égard,
nous nous bornerons seulement à dire que l'expédition fut arrêtée et que le commandement
en fut confié au brave général Trézel, auquel
on adjoignit plusieurs officiers parmi lesquels
figurait M. de la Moricière.

Son départ pour Boudgi laissa le bureau
arabe sans chef; on y plaça momentanément
M. le capitaine Gaillard, officier d'ordonnance
du général Voirol. Sous cet officier, les affaires
arabes ne prirent aucune extension; elles res-
tèrent stationnaires. M. Gaillard, officier intel-
ligent, ne pouvait néanmoins conduire les

affaires de gens qu'il fallait avoir connus et étudiés long-temps à l'avance.

Ce nouveau chef fut remplacé bientôt par M. Delaporte père, ancien vice-consul de France à Tanger. M. Delaporte père, profondément versé dans les connaissances des langues, usages et mœurs arabes, ne put tirer tout le parti qu'il pouvait de sa nouvelle position. Les caïds et les scheiks empiétèrent bientôt sur ses droits et sa faiblesse ne réprima pas, dès le principe, ces abus; il dut nécessairement succomber et céder sa place à M. Pélissier, aide-de-camp du général Voirol. Cet officier rappela les Arabes sous l'autorité française, et le bureau arabe sembla, sous lui, reprendre plus de vigueur et d'activité.

En effet, c'est sous l'administration de M. Pélissier que se firent les premières excursions au marché de Bouffarick; il n'a pas dépendu de lui de nous y faire toujours respecter. Tous les caïds et scheiks s'étaient rangés sous la bannière du bureau arabe et tous obéissaient aux ordres qui émanaient de cette administration.

Les discussions entre tribus, soit qu'elles fussent générales ou individuelles, se traitaient au bureau et s'y arrangeaient presque toujours.

Les différends d'intérêt se réglaient aussi sans le concours des tribunaux.

Les affaires marchèrent ainsi jusqu'au moment où l'on décida la suppression du bureau arabe ou plutôt la continuation des opérations de ce bureau sous les ordres d'un *Agha*.

DE L'AGHA.

Nous compléterons l'histoire du bureau arabe par la transcription d'un article que nous lisons dans l'*Éclaireur*, à la date du 7 décembre 1834. Cette feuille s'exprime ainsi sur les fonctions de l'*Agha* des Arabes :

« L'*Agha* est un des fonctionnaires les plus considérables de l'empire musulman. C'est un officier-général chargé des commandemens et de l'administration de plusieurs corps. Ainsi était à Constantinople l'*Agha* des Janissaires. L'*Agha* commandant une citadelle est aussi un officier-général auquel l'on confie la clé d'une des portes de l'empire.

» L'*Agha* des Arabes est aussi, relativement à ses fonctions, un officier-géuéral duquel relève principalement, dans les puissances barbaresques, l'autorité des gouverneurs des villes

que l'on peut assimiler aux préfets de nos dé-
partemens; celle des *Caïds*, administratenrs des
cantons, qu'on peut aussi assimiler à nos sous-
préfets; et enfin celle des *Scheiks* de tribus qui
remplissent les fonctions de nos maires de
villes, bourgs ou villages. Toutes ces autorités
se trouvaient sous les ordres immédiats de
l'*Agha* qui étendait l'investigation de ses hautes
fonctions sur les *Beys* eux-mêmes qui sont
gouverneurs des provinces et les premiers fonctionnaires après la personne du prince ou du
chef qui gouverne.

» Ces immenses priviléges, cette grande étendue de pouvoir, étaient solidifiés par l'omnipo-
tence de la justice haute et basse, car elle était
arbitraire et subordonnée à la volonté de
l'*Agha*.

» La juridiction des fonctions de ce chef
commençait, dans la régence d'Alger, aux
portes de la ville capitale et s'étendait jusqu'aux
frontières du royaume. Tout ce qui était relatif
aux intérêts, affaires, ordres ou questions concernant les Arabes, arrivait dans les mains
de l'*Agha* qui en référait, pour les hautes mesures seulement, au jugement du chef suprême,
assumant sur lui seul toutes les mesures prises
sur les affaires courantes.

» En temps de guerre, l'*Agha* convoquait les Arabes de l'intérieur, les réunissait en troupes irrégulières, et prenait le commandement en chef de toute l'armée. Ainsi l'armée française, débarquant à Sidi-Feruch, trouva soixante mille hommes environ de troupes régulières et irrégulières commandées par l'*Agha* des Arabes qui remplissait, dans cette circonstance, les fonctions de général en chef.

» L'*Agha* des Arabes est donc un fonctionnaire important aux yeux des Arabes eux-mêmes et des populations indigènes ; il convient donc de ne pas détruire entièrement cette puissance morale sur les indigènes, tout en la modifiant cependant. Il faut, ce nous semble, conserver le fantôme du pouvoir, l'étendre même aux yeux des Arabes, et ne le comprimer qu'à l'égard de l'autorité française. Cinq *Aghas* se sont succédés, à de longs intervalles et à de longues interruptions près. Le premier a été celui qui fut institué sous le général Bourmont. Celui-là, sa mission fut, en raison des circonstances, frappé d'une nullité absolue à sa naissance.

» Ce chef des Arabes fut remplacé, sous l'administration du maréchal Clauzel, par M. Roland de Bussy père qui joignait à ces fonctions celles de commissaire-général de police et de juge royal. Malgré le dévouement, l'intégrité et l'intelligence de M. Roland de Bussy, ces fonctions d'*Agha* qui se trouvaient en dehors des connaissances et des usages administratifs du titulaire, furent annihilées dès leur naissance, puisqu'il ne s'occupait des affaires des Arabes que dans leur rapport avec la ville même. Le but ne fut pas rempli, puisque l'*Agha* ne doit s'occuper que des affaires extérieures.

» A ce magistrat qu'on peut, sans arrière-pensée, surnommer irréprochable, succéda un indigène maure, appelé Hamdan-ben-Récaïb, qui n'a pu remplir les conditions qu'une ambition démesurée lui avait fait accepter sans calculer ses forces et ses moyens d'exécution. Hamdan-ben-Récaïb était un homme sans capacité, sans crédit auprès des Arabes et des Maures; poussé par une coterie, il en devint l'agent subalterne et dévoué, il n'employa ses ressources qu'à servir les intérêts de quelques indigènes.

» Dès qu'il fut découvert, il fut chassé, arrêté et, peu de temps après, embarqué pour France d'après les ordres du lieutenant-général Berthézène. De retour à Alger en 1832, le duc de Rovigo le fit immédiatement rembarquer pour France, tant il l'avait jugé coupable.

A ce fonctionnaire inepte et de mauvaise foi,
succéda, dans les fonctions d'*Agha*, M. Men-
déré, chef d'escadron de gendarmerie et grand
prévôt de l'armée. Les fonctions d'*Agha*, sous
cet officier supérieur, furent restreintes aux simples rapports d'une haute police et qui rentraient
dans le service ordinaire de la gendarmerie.

» On voit, d'après cette nomenclature d'*A-
ghas*, combien le gouvernement français à Alger
semble avoir peu compris les attributions de ce
haut fonctionnaire, et combien il s'est éloigné du
but réel que se propose l'institution. Le duc de
Rovigo, en venant prendre le commandement de
l'armée et la direction du gouvernement, re-
connut l'importance d'un *Agha* et comprit la
mission que devait remplir ce chef. Cette observation judicieuse qui n'avait point été faite
avant l'arrivée de ce général, tenait à la connaissance approfondie qu'il avait des usages et
des mœurs turcs, connaissance acquise par un
long séjour en Égypte et en Syrie, à l'habitude
du commandement et à la triture des hautes
questions politiques ou administratives. Avec
des vues aussi fortement arrêtées sur les fonctions de l'*Agha*, le duc de Rovigo n'avait plus
qu'à choisir l'homme qui pouvait convenir;
il savait qu'aux Arabes il faut leur impression-

ner le moral et les condamner ainsi à subir le
joug des Français par l'intermédiaire d'un
homme qui userait sur leur esprit de toute
l'influence d'un fanatisme religieux. On lui
désigna comme le seul homme apte à remplir
ces importantes fonctions d'*Agha*, Ci-Mohhi-
el-Dinn-ben-Ci-Aly-ben-Moborrak. Cet homme
jouissait d'une excellente réputation de probité
et de droiture. Il était de plus (ce qui n'est
pas le moins important pour les Arabes) l'un
des plus fameux marabouts et des plus vénérés
à soixante lieues à la ronde. Il fut également
reconnu qu'en raison de cette dernière position,
cet homme pouvait remuer les masses et s'en
faire écouter.

» Le duc de Rovigo résolut donc de le nommer *Agha*, et ce personnage, qui déjà jouissait
d'une fortune assez considérable, fut magni-
fiquement rétribué par le gouvernement français qui lui donna avec le titre d'*Agha* les
énormes émolumens de 72,000 francs par an.

» L'*Agha* fut donc installé avec faste dans
ses nouvelles fonctions. Il établit son quartier-
général à Cobah et ne conserva à Alger qu'un
lieutenant qui était chargé de servir d'intermédiaire à la correspondance entre l'*Agha* et
le gouverneur. Croirait-on que ce chef, dont

les fonctions durèrent près d'un an, ne vint à
Alger, pendant toute la durée de ce temps,
que deux fois seulement, la première le jour de
son installation, et la seconde, peu de temps
après, pour rendre visite au général en chef?
Cette négligence à se mettre en rapport direct
et souvent renouvelé avec le chef du gouvernement, pouvait faire supposer peu d'empressement à servir les intérêts des Français, et faire
par conséquent suspecter la fidélité de ses rapports avec les Arabes. Ces raisons portèrent le
duc de Rovigo à surveiller et faire surveiller
la marche de l'*Agha* et à se tenir sur ses gardes,
car il s'apercevait de l'inutilité de cet officier.
En effet, le bureau arabe, sous les yeux du
gouverneur et sous la direction de M. Pharaon,
organisait sa correspondance qui de jour en
jour augmentait, et s'emparait des affaires
arabes. Dès lors le crédit de l'*Agha* baissa, et
sa défection, arrivée peu de jours avant l'affaire du 2 septembre où il commandait en personne les Arabes qui nous attaquaient, acheva
de convaincre le gouvernement que ce marabout n'était qu'un traître que le gouvernement
payait à raison de 72,000 francs par an. L'*A-
gha* et ses troupes furent défaits, lui ne dût
son salut qu'à une prompte fuite que sût proté-

ger son caractère de marabout. Depuis lors,
cet homme n'a cessé d'intriguer contre les
Français et de souffler l'air empoisonné de la
discorde. Il n'y eut plus d'*Agha.* Ici la malveillance, l'esprit d'intrigue et la basse calomnie se
réveillèrent pour poursuivre la mémoire du feu
duc de Rovigo. On eut la lâcheté de l'accuser
d'avoir autorisé l'*Agha* à entrer, je ne sais
trop sous quel prétexte, dans la défection, et
à la favoriser. Il suffit de réfléchir un seul instant à cette accusation, pour en reconnaître
toute l'absurdité. J'en appelle aux sentimens
d'honneur de tous les généraux; c'est à leur
conscience à déclarer s'ils croyent qu'un général français favorisa la trahison d'un étranger
contre la France, et s'ils peuvent supposer
cette faute à leur ancien camarade. Le duc de
Rovigo n'a pu que mériter des louanges sur la
conduite qu'il a tenue à Alger, sur la manière
avec laquelle il a conduit les affaires. Ces
mêmes louanges sont acquises à son continua-
teur, M. le lieutenant-général Voirol; il a su
tirer, en raison de sa position délicate, tous les
avantages qu'il a été en son pouvoir de con-
quérir. Aujourd'hui que nous possédons M. le
lieutenant-général comte d'Erlon, nous pou-
vons espérer un ordre de choses et meilleur

et plus **avantageux**; la vieille expérience, l'esprit de justice, l'intégrité et le désir bien connu de ce général, assurent à la colonie un avenir heureux, qu'elle est en droit d'attendre des excellentes dispositions dans lesquelles se trouve M. le gouverneur-général. Avant de reparler ici de l'idée qui a présidé à l'arrêté qui institue de nouveau les fonctions d'*Agha*, nous devons rendre un hommage public à l'intelligence qui a présidé et sçu conduire toutes les opérations du bureau arabe qui, par ses relations et son activité, remplaçait l'*Agha* et en remplissait les fonctions; il suffit de citer les noms des chefs de bureaux qui se sont succédés; ce sont: MM. Pharaon, sous le duc de Rovigo; de La Moricière, Gaillard, Delaporte père, sous le général Voirol; et Pélissier, sous les généraux Voirol et d'Erlon. Il est néanmoins juste de citer, comme ayant le plus étendu nos relations avec avantage, MM. de la Moricière et Pélissier.

» L'idée qui a présidé à la réinstallation des fonctions d'*Agha*, semble avoir été long-temps mûrie et débattue, et cette institution devait se présenter avec tous les avantages de la réflexion. Ce qui semble avoir provoqué cette résurrection, nous voulons parler de celle de l'*Agha* des Arabes, c'est l'existence du bureau

9

arabe, dont l'influence sur les maures, le pouvoir sur les indigènes arabes et surtout la correspondance étendue, choquaient la susceptibilité de quelques personnes étrangères à toute
espèce de service et que l'on aurait pu reconnaître dans le rang de quelques indigènes que
la France protège en dépit de leur mauvais
vouloir; c'était le bureau qu'il fallait sacrifier
à d'obscures exigences, qui donnait crédit à
leur esprit d'intrigues en déversant la calomnie
sur le chef et les membres de ce cabinet. Le
bureau arabe fut donc dissous et ses membres
dispersés.

» Le fait de dissolution du cabinet arabe ne
pouvait suspendre le cours des affaires et opérations des Arabes; il a fallu immédiatement
pourvoir au remplacement de ce bureau par la
nomination d'un *Agha*. Un arrêté de M. le
gouverneur-général, en date du 18 courant,
nomme *Agha* M. le lieutenant-colonel Marey,
commandant les corps réguliers et irréguliers
des Spahis. Un autre arrêté fixe les attributions
de ce chef.

» M. Marey méritait à juste titre d'être
élevé à cette dignité. Il est un de ceux qui connaissent le mieux le caractère et l'esprit du
peuple nomade; il parle la langue arabe et est

très-connu des principaux habitans. Le duc de Rovigo avait eu dans l'idée de nommer cet officier *Agha*, lors de la défection de Ci-Moborak ; mais la maladie et la mort de ce général en chef ont empêché la réalisation de ce projet. La nouvelle nomination de M. Marey au grade de lieutenant-colonel et le commandement du corps des spahis qui vient de lui être confié, semblent avoir été les échelons par lesquels cet officier est monté à la dignité d'*Agha*. »

DES CAIDS ET SCHEIKS DE TRIBUS.

Tous les *Caïds* et *Scheiks* de tribus s'empressèrent de faire leur soumission à ce nouveau chef. Autour de ce nouveau fonctionnaire et du bureau arabe se grouppèrent les autorités indigènes, dont la plupart rendent entre leurs administrés une justice exécutive ; ils peuvent, selon l'importance des affaires, rendre des jugemens, condamner à la prison et à la bastonnade. La justice des *'Cadis* de tribus est néanmoins supérieure en ce qu'elle est l'expression de la loi. Chaque corps d'état a un chef qui a nom de *Caïd*, et chacun des artisans donne une redevance quelconque à ce chef ; ce qui rend ses fonctions, sinon importantes, du moins lucratives. Ce *Caïd* applanit les différends qui s'élèvent entre ses administrés. Il a le droit d'infliger des punitions, telles que la bastonnade et la prison. Le *Caïd* des *mouzabites* (chef des baigneurs, meuniers et charbonniers) ajoute à ses droits celui de condamner au bannissement. Le *Mézouar* est le chef des filles publiques; il a le droit d'incarcérer, de faire administrer la bastonnade et de condamner également au bannissement. Le *Mézouar* est le *roi des ribauds* de notre époque du moyen-âge,

QUATRIÈME PARTIE.

—

DES INTERPRÈTES

JUDICIAIRES ET AUTRES.

DES INTERPRÊTES

JUDICIAIRES ET AUTRES.

———

M. le procureur-général Laurence, en se
rendant en Afrique avec la qualité de commissaire spécial pour y organiser la justice, ne dût
négliger aucune des circonstances qui pouvaient
aider à fortifier et soutenir l'imposant édifice
qu'il venait élever en Afrique, celui de la justice. Sa mission était de rendre à l'autorité judiciaire le rang qu'elle avait perdu à Alger, et

à l'entourer de toute la considération qui est
dûe, en France et partout ailleurs, à tous les
organes de la loi.

Trop de bruits défavorables avaient déjà
circulé sur le compte des anciens membres de
la justice, pour ne pas apporter une scrupu-
leuse attention, tendant à garantir les nouveaux juges de toute atteinte malveillante. Cette
prévoyance de la part de l'organisateur de la
justice devait nécessairement s'étendre sur tous
les hommes qui pouvaient être appelés auprès
de l'administration judiciaire, à remplir divers
emplois. Les interprêtes devaient être moins
exempts que tout autre de cette mesure. Ce
fût aussi là la pensée de M. le commissaire du
Roi; il comprenait que la mission de l'inter-
prête avait quelque chose de sacré et que c'é-
tait une mission religieuse et délicate. Il sentait
aussi qu'il devait s'enquérir des faits qui
pussent l'éclairer sur la position des interprêtes
en Afrique, avant qu'il pût proposer au gouvernement aucune mesure relative à l'organisation de ce corps, dont l'importance et l'indis-
pensabilité ne sauraient être mises en question.

D'ailleurs, d'après l'article 1er de l'ordonnance du Roi en date du 12 août 1834,
l'organisation des interprêtes judiciaires se

se trouvait être dans les attributions de M. Laurence; je fus en conséquence chargé par lui de
lui transmettre des notes qui pussent fixer son
opinion sur la composition de ce corps, sur son
importance et le dégré de capacité de chacun
de ses membres. Je me suis empressé de formu-
ler mes idées, de les réunir sous la forme d'un
rapport que j'ai présenté à M. Laurence. Je le
reproduis ici dans son entier, persuadé qu'il ne
sera pas inutile au gouvernement, si un jour à
vénir il se trouvait plus disposé qu'il ne l'a été
par le passé, à faire justice et à favoriser un
corps qui a rendu de très-grands services en
Afrique sous le triple rapport de ses fonçtions
militaires, civiles et judiciaires. En donnant ici
la plus grande publicité aux travaux que j'ai
faits sur le corps des interprêtes, c'est pour
moi l'occasion d'accomplir la promesse que je
me suis faite à moi-même de défendre ce corps
auquel j'appartiens et qui malheureusement
n'est pas encore apprécié selon son importance.
J'ai toujours été le défenseur des interprêtes et
je suis heureux de pouvoir aujourd'hui les défendre seul contre tous.

Je laisse au lecteur le soin de juger lui-même
l'importance des interprêtes d'après la lecture
qu'il aura faite de la pièce suivante :

Notes remises à M. le Procureur-Général,
sur le Corps des Interprètes.

« On s'entretient beaucoup à Alger d'une différence dans la langue arabe parlée dans le nord de
l'Afrique avec celle qui est en usage dans toutes
les échelles du Levant. Ce bruit, accrédité par
l'ignorance, semble, aujourd'hui qu'il est sou-
tenu par la malveillance et peut-être par la ja-
lousie, prendre une consistance, un caractère
qu'il importe de détruire, dans ce que cette
opinion aurait pu acquérir de crédit dans l'esprit des hauts fonctionnaires d'Alger. J'ai déjà,
par des explications écrites, par des démonstra-
tions particulières et publiques, cherché à détruire cette même opinion. Il paraît que je n'ai
pas été compris. Je me répéterai donc et je
répondrai à cette question banale, passée aujourd'hui en usage : *Est-ce l'arabe d'Alger*
que les interprètes parlent? — Oui. Il n'y a
qu'un seul arabe; la langue est une et ne peut
varier dans ses principes. Les hommes qui l'ont
apprise, ceux qui en ont fait une étude particulière, n'y trouvent aucune différence. C'est
qu'ils connaissent les nombreux synonymes de
la langue, qu'ils peuvent ainsi comprendre

ceux qui sont plus spécialement appliqués et en usage à Alger. C'est, ainsi que je viens de l'expliquer, l'adoption de quelques synonymes, à l'exclusion des autres, qui apporte dans la bouche de l'Algérien cette différence dans un très-petit nombre d'expressions, qui choquent les oreilles de personnes d'autant plus délicates qu'elles ignorent les sons et la valeur des mots. Mauvais juges, ils vont partout publiant que la prononciation algérienne diffère absolument de celle du bon arabe, sans réfléchir que les lettres qui composent les mots ne changent point leur valeur intrinsèque, qu'elles ont cette même valeur à Alger comme au Caire, à Tripoli comme à Alep. S'ils eussent été moins ignorans, ils auraient pu avancer avec plus de raison que les lettres varient dans leurs terminaisons, mais jamais dans leur valeur.

» On dit en Égypte : *bé, té, tsé;* on dit à Alger : *ba, ta, tsa.* Cette différence empêchet-elle que les valeurs intrinsèques de *ba* ou *bé,* de *ta* ou *té,* de *tsa* ou *tsé,* ne soient A, B, Ts?

» Quelques personnes, convaincues sur ce point, ont voulu attaquer la traduction; elles ont dit alors : *Vous parlez comme les Algériens, mais vous n'écrivez pas comme eux, et votre langage écrit n'est pas compris par eux.*

— Erreur ! Sans chercher à les convaincre par de longs raisonnemens, qu'il me soit permis de faire observer ici que de toute la Barbarie, Alger est le pays où il y a le moins de lettrés et celui où il se trouve aussi le moins de livres; qu'il ne faut point se laisser abuser par les apparences ou les dires malveillans, qu'il faut au contraire bien se fortifier de cette idée que la plupart des hommes qui sont par les masses ou les intrigues désignés comme la fleur du pays savent à peine signer leurs noms ; comment dès lors peuvent-ils comprendre par exemple, *une pro clamation traduite du français,* sinon avec éloquence, du moins avec exactitude et pureté? C'est comme si l'on disait à un ministre, à un député, à un journaliste français, écrivez pour être compris par cette masse brutale , qui n'entend rien , qui boit et jure toujours sans parler français et qu'on appelle le peuple ; je le demande de bonne foi , les secrétaires d'un cabinet français descendraient-ils à écrire tout ce qui demande de la dignité , avec la **bassesse** et la trivialité du langage populaire? En admettant un instant qu'ils en eussent le désir, ils n'en auraient pas la faculté. L'intelligence ne peut rétrograder, l'homme qui s'exprime avec pureté et précision doit toujours être compris. Battus sur tous les points, il n'est resté à tous critiques de mauvaise foi, que la volonté de dire que la forme des lettres n'était plus la même. C'est une question calligraphique qu'il importe d'éclaircir.

« La forme des lettres est la même, mais les caractères sont moins réguliers sur toute la côte de Barbarie, qu'en Égypte et en Syrie, où les proportions sont observées. Les Algériens ignorent les règles calligraphiques et dès lors ils apportent dans la forme de leurs lettres la négligence du dégoût, la même qui a passé dans le langage.

«Peut-être, M. le procureur-général, trouvez-vous qu'il ne sera pas inutile malgré toute la répugnance à employer des juifs, de nommer un traducteur israélite pour la lecture des actes ou contrats arabes qui, entre juifs, s'écrivent en caractères hébreux. Il est un homme qui pourrait remplir ces fonctions, attendu qu'il joint à la connaissance approfondie de la langue hébraïque et à une probité rare, la connaissance des langues française et arabe. Je veux parler ici de M. Thama père, interprète près les tribunaux. Je pourrais vous citer aussi M. Soror, interprète près la mairie.

«Plus destabilité dans l'avenir, ramènera vers Alger et dans leur foyer un grand nombre de Turcs expatriés et dont les biens sont généralement séquestrés. Ces hommes qui reviendraient pour réclamer leurs droits, ne parlant que le turc ne pourraient se faire entendre, s'ils n'avaient un traducteur turc. M. Lauxerrois, commissaire de police pourrait remplir ces fonctions, dans le cas où la connaissance de la langue turque ne se rencontrerait pas chez l'un des traducteurs déjà nommés.

« Je terminerai par dire aussi ce que j'ai tant de fois répété, ce que j'ai dit à M. le gouverneur-général, lorsqu'il a bien voulu m'interroger sur la différence de la langue. « Mon général, je vois « que l'on vous a trompé, que vous êtes venu « avec un esprit de prévention contre les per- « sonnes qui parlent l'arabe : puisque vous m'in- « terrogez, j'aurai l'honneur de vous dire que « l'arabe est invariable, que c'est une langue « qui ne peut changer, mais que l'ignorance « y a jeté la corruption, que le voisinage et les « rapports commerciaux de l'Espagne, la Pro- « vence et l'Italie ont consacré quelques expres- « sions du littoral européen chez les peuples « algériens, maroquains, tunisiens et tripolitains.

De cette question, je passe à celle des interprètes qui à chaque instant sont appelés à manier avec plus ou moins d'habileté une langue, qui est encore pour beaucoup, un objet d'hésitation ou d'inconvenantes spéculations : jusqu'à ce jour, personne ne s'est arrêté aux fonctions d'interprètes, on s'est trompé sur la nature des obligations, on a mal jugé la position, en un mot on n'a pas voulu apprécier le mérite. Les interprètes sont par la nature de leurs fonctions, des hommes *fidèles* et *consciencieux*, c'est une mission religieuse qu'ils doivent remplir partout où l'on implore leurs secours. Ils deviennent par une triste nécessité des intermédiaires obligés de toutes négociations ; la parole qui passe par leur bouche, doit arriver pure à l'oreille : voilà ce que sont les interprètes ou plutôt, disons mieux, voilà ce qu'ils devraient être. La plupart ont méconnu leur mission, ils ont appelé sur eux l'attention publique qui les a montrés au doigt, de là la déconsidération sur un corps dont l'importance quoiqu'on en dise n'a point été chimérique depuis 4 années ; de là également les injustices, les abus, le dégoût, tristes résultats d'un choix d'hommes fait sans calcul et avec une trop grande précipitation. Espèrons enfin que le moment est arrivé où les interprètes seront appréciés, considérés par la nature de leurs services ; l'article 19 de l'ordonnance du roi semble prédire cet heureux bienfait ; puisse-t-il ne pas être illusoire et amener une organisation définitive et digne d'élever le corps lui-même à ses propres yeux.

«Vous êtes aujourd'hui, Monsieur le procureur-général, appelé à provoquer cette importante décision de la part du gouvernement; car, les interprètes que vous choisirez pour les tribunaux, seront des hommes qui devront avoir, pour eux, le savoir réel, la probité et l'honneur. Que restera-t-il donc à l'armée et aux divers services ?

« Puissent ces hommes trouver en vous un défenseur éloquent et judicieux l'avocat, qui doit relever leur considération endormie, celui qui doit leur assurer un avenir, encourager ainsi leurs efforts, leurs travaux; car jusqu'à ce jour il faut le dire, ils n'ont pas d'avenir. Ce corps ne pourrait exister plus long-temps tel qu'il est aujourd'hui, si une volonté forte, si un bras puissant ne venait lui accorder l'appui réclamé depuis le commencement de la conquête.

« Un jour peut-être, on daignera les apprécier, on reviendra plein de souvenirs sur le passé ; alors le gouvernement fixera son opinion sur les fonctions des interprètes, que peu de personnes conçoivent. L'interprète est l'homme de confiance, c'est le double de la personne qu'il sert. Ce n'est point une *machine à parole*, ainsi

que l'on a voulu le *laisser croire* , étrangère à
tout ce qui se dit ou se fait; l'interprète doit au
contraire connaître le caractère , les habitudes
de l'homme auprès duquel il est placé, ses fonctions lui font un devoir de l'étudier ; ear en
parlant , ou en traduisant, ce ne sont pas uni-
quement les paroles dn chef qu'il faut rendre,
mais toutes les nuances de sa pensée. C'est la parole transversée d'un corps dans un autre sans
changer d'âme; voilà comme il faut comprendre
les fonctions d'interprète.

« Si l'interprète transmet des paroles françaises
à un Arabe, il doit écouter en Français et penser
en Arabe ; si ce sont au contraire des paroles
arabes qu'il faille transmettre en français , c'est
en Arabe qu'il faut écouter, penser en français.

« Dans la chaleur d'une conversation, un mot
offensant peut échapper à l'ignorance de l'indigène, il faut que l'interprète sache le reprendre
sans attirer l'attention du chef. Dans le cabinet,
l'interprète n'est pas moins utile ; de la fermeté
de son style, dépend souvent l'obéissance, il
peut aussi par une correspondance à propos para-
lyser l'action de l'ennemi ou en retarder la marche.

« Voilà la théorie pratique des interprètes; voilà
ce que l'on n'a pas voulu concevoir jusqu'à ce
jour; voilà, Monsieur le procureur-général, ce

que vous comprendrez et ferez comprendre facilement.

« Ce sera sans doute parmi des hommes de cette
nature que vous choisirez les fonctionnaires qui
sont nécessaires aux tribunaux ; malheureusement le nombre qui en est très borné rendra le
choix très difficile.

« Sans rien préjuger de vos intentions, sans
vouloir me permettre d'influencer les choix que
vous seul pouvez faire , sans avoir le moindre
désir d'entrer dans le détail des nominations ,
permettez-moi, M. le procureur-général, de vous
faire remarquer que l'article 19 n'explique pas
assez clairement l'esprit de sa lettre. En voulant
des *interprètes assermentés*, la loi veut aussi,
sans doute, des *traducteurs assermentés*. Ici, la
différence existe et elle est immense, s'il fallait
prendre au choix les traducteurs assermentés ,
vous vous trouveriez , Monsieur le procureur-
général, dans la nécessité de recourir aux secrétaires interprètes civils et militaires. C'est parmi
eux que vous rechercheriez vraisemblablement
vos traducteurs que vous ne pourriez trouver
que parmi les noms que je vais citer. Je les
place ici, non d'après l'ordre hiérarchique ,
mais d'après le degré de capacité supposé à chacun d'eux , ce sont MM :

Antoine Rousseau, 1er interprète au domaine pour l'arabe, parlant également le turc.

Müller, interprète de M. le gouverneur-général, parlant aussi le turc.

Zaccar, secrétaire interprète au cabinet du gouverneur.

Sasporte, secrétaire interprète au cabinet du gouverneur israélite.

Delaporte fils, secrétaire interprète de M. l'intendant civil.

Pris en dehors des interprètes attachés au gouvernement, on peut citer, MM :

Sanrda, traducteur assermenté, israélite.

Kirwinn, élève du cours d'arabe.

Vincent, président de la cour de justice.

« Il reste à l'égard de ces derniers une observation à faire; c'est qu'en admettant que tous les *trois* fussent *bons traducteurs*, ils éprouvent tous trois une grande difficulté à parler la langue.

« Voilà M. le procureur-général, d'après le jugement que j'ai pu en porter, les personnes qui sont seules aptes à faire des *traducteurs assermentés*.

« Quant aux *interprètes assermentés*, la question serait moins difficile à trancher et les sujets seraient moins rares; néanmoins, s'il faut moins de capacité, il faut aussi plus de fidélité et de conscience dans la parole, ici il ne s'agit que de parler l'arabe pour le traduire verbalement : les personnes que je crois les plus aptes à remplir ces fonctions, sont MM :

Bathary, interprète auprès des tribunaux, lit un peu l'arabe, parle le français, l'italien, l'espagnol et l'arabe.

Fisler, interprète au domaine.

Nazo, interprète au conseil de guerre et des prisons, lit un peu l'arabe, et l'écrit.

Conapa, interprète du général Voirol, parle bien le français et l'italien.

Nahon, interprète de l'intendance civile à Oran, parle le français, l'arabe, l'espagnol, l'italien et l'anglais.

Certa, interprète du général Avyzard, parle français, arabe et italien.

« En dehors des employés de l'armée, il est juste de citer MM :

Perougali ou Athar, parlant français, arabe et bon maltais.

Gentis, sous-employé des vivres,

Balthis, commis négociant.

« J'invoque à l'égard de tout ce que je viens de dire l'autorité d'Herbin, de Savary, de Bombay, de Sylvestre de Sacy, d'Elioun Bocthar, de Cousi, de Perceval fils; j'invoque les témoignages consen-

ciencieux de **MM.** Vincent, Müller, Marey, So-
lyman et de La Moricière.

«Voilà, M. le P. G., tous les sujets sur lesquels
j'ai l'honneur d'appeler plus particulièrement
votre attention; votre sagesse et la juste appré-
ciation du mérite de chaque individu fera le reste,
si votre intention est toutefois de les nommer
au choix; dans le cas contraire, le concours à
l'égard de tous me semble être le moyen le
plus sûr d'arriver à de justes et bons résultats,
car chacun devra à son mérite la place qu'il oc-
cupera. Si vous adoptez ce dernier moyen, le
choix du jury sera difficile et ici naît l'embarras
des désignations; vous ne pourriez, Monsieur
le procureur-général, les choisir que parmi les
muphtys, cadis et ulémas d'Alger, qui dans cette
circonstance seraient assistés d'un ou de plusieurs
interprètes qui seraient choisis parmi ceux qui
se seraient mis en dehors du concours.

«Ma conscience et les observations que j'ai pu
faire m'obligent à vous déclarer, Monsieur le
procureur-général, que parmi les *interprètes*
que je cite et le grand nombre de demandes qui
vous sont adressées pour être admis en qualité
de *traducteur*, il en est qui ont l'espoir de remplir cette fonction si jamais elle leur est confiée,
par des secrétaires indigènes qui expliqueraient

dans le silence du cabinet la valeur des expressions qui seraient reproduites et certifiées conformes par le titulaire. C'est un vice, contre lequel il importe de se prémunir.

«Il serait peut-être également important, Monsieur le procureur-général, quelle que soit votre décision, que les nominations des *traducteurs* se fassent au choix, ou qu'elles deviennent l'objet d'un concours, de nommer deux classes de traducteurs : l'une serait pour la traduction du français en arabe, et l'autre pour la version de l'arabe en français.

« Je motive cette opinion sur ce que le génie des deux langues ne se ressemble pas et que parmi les secrétaires interprètes du gouvernement il en est qui, tout en connaissant parfaitement les deux langues, traduisent plus facilement l'arabe en français, tandisque d'autres au contraire traduisent mieux le français en arabe. L'adjonction des deux traducteurs différens rendrait aux actes la vérité de leurs expressions et aurait des résultats qui seraient appréciés plus tard, lorsque l'immense carrière des procès à naître ouvrira un vaste champ aux nombreux plaideurs. J'ajouterai à ce rapport la note que j'ai remise sur le même sujet à la commission d'enquête, présidée par M. le lieutenant-général Bonnet, lors de son

séjour en Afrique. Peut-être me fera-t-on le re-
proche de parler un peu longuement d'une chose
qui est absolument étrangère au sujet contenu
dans ce volume ; je répondrai, que je profite de
l'occasion qui m'est offerte de faire connaître les
interprètes à propos d'un travail judiciaire.. . . .
. . . .

« Le corps des interprètes est d'une utilité générale, mais jamais appréciée, dans les expéditions, il est toujours le premier, soit en reconnaissance, soit en parlementaire ; et si quelques mauvais coups sont réservés à l'état-major
auquel il appartient, l'interprète sait en prendre
sa part. Voilà pour le service des camps.

« Dans le cabinet, le secrétaire-interprète est
l'âme de la correspondance ; il peut contribuer
à changer la face des évènemens ; je ne citerai
qu'un fait :

« Lors de la défection de l'agha, arrivée en août
1832, les arabes rassemblaient leurs forces pour
nous attaquer, le duc de Rovigo voulait bien
les recevoir, mais il n'était pas encore prêt. S'a-
dressant à moi, il me dit devant les généraux Trézel,
Fodoas et d'Anlion, si vous pouvez par votre
correspondance les *lanterner* huit jours encore
et faire qu'ils ne nous attaquent pas avant, je
serai tout disposé alors à les bien recevoir ? Je
promis, et aidé de mon collègue M. Zaccar, je

retardai l'instant de l'attaque de dix jours. Tout
avait été bien disposé pendant ce temps et l'armée eut le bonheur , le 2 septembre, de battre
complètement à Souc-Aly, les Arabes qui avaient
à leur tête, l'agha qui recevait alors du gou--
vernement français 72,000 f. par an.

« Comme on peut le voir, les services que peuvent rendre les interprètes ne sont pas à dédai-
gner. Tout le monde n'est ni digne , ni capable
d'être interprète; il ne suffit pas seulement d'être
porte-voix et transmettre machinalement la parole qu'on reçoit; il faut encore conserver l'idée
et l'intention de l'homme qui vous charge de
transmettre sa pensée ; il importe donc de connaître parfaitement les langues française et arabe.
Ces connaissances demandent l'application de
plusieurs années de travail, d'où l'on peut con-
clure qu'il faut bien plus de temps pour faire un
interprète de mérite , qu'il n'en faut pour faire
un officier distingué.

« Le corps des interprètes, en raison de son importance et de son utilité à l'armée d'Afrique,
réclame une prompte organisation après épura-
tion. Cette mesure est nécessaire pour élever ce
corps aux yeux de l'armée et par conséquent à
ses propres yeux. Cette pensée existait dans l'esprit de tous les généraux qui se sont succédés en

Afrique; on peut en juger par l'attention que mit le maréchal Bourmont à ne composer ce corps que d'orientalistes et d'anciens officiers de mamelucks de la garde impériale.

«Le maréchal Clauzel avait agité la question de les autoriser à joindre à leur brillant uniforme l'aiguillette, signe distinctif des officiers de l'état-major-général; ce projet n'a pas eu de suite.

«Le général Berthézène avait promis la croix à ceux qui s'étaient le plus distingués et notamment à M. Zaccar qui eut un cheval tué sous lui, lors de l'expédition de l'Atlas; le général Berthézène n'a pas tenu parole.

«Le duc de Rovigo écrivait à M. le maréchal, ministre de la guerre que, « les interprètes n'é-« taient pas assez nombreux, qu'ils étaient les « liens entre les Français et les indigènes et qu'à « cet égard, c'étaient les seuls officiers d'état-ma-« jor qui rendissent quelques services.

«Le lieutenant-général Voirol dont la justice est généralement reconnue réclame, en ce moment, en faveur de ce corps une organisation plus digne et plus complète.

«Pour appuyer l'opinion bienveillante de tous ces généraux, je me permettrai de la fortifier de celle de l'empereur. Napoléon savait apprécier les hommes et honorer leurs services; c'est un fait incontestable. Sous son gouvernement, les interprètes occupaient un rang qui n'était point illusoire et l'avenir récompensait les services que l'on avait pu rendre, cela encourageait à bien continuer. Napoléon qui appréciait les hommes, voulait aussi qu'on les considérât; l'assimilation aux grades militaires existait alors comme aujourd'hui, mais chacun portait les insignes de son grade : ai-je besoin de rappeler que c'était ainsi au camp de Boulogne. Tous les interprètes du général Bonaparte en Égypte et plus tard ceux de l'empereur Napoléon furent des hommes éminemment distingués et qui depuis ont fait leurs preuves, soit sur le champ de bataille, soit au conseil, soit dans le cabinet de leur maître. Les noms seuls diront ce qu'étaient les individus : MM. Venture, le baron Sylvestre de Sacy, le comte Elias Pharaon(mon père), le comte Amédée Jaubert, Biaschewich, Bianchi, Delaporte père, Michel Sabag, Elliouss-Bocthoër, etc.

En Autriche et en Russie, les interprètes sont conseillers de cour; il n'y aurait donc qu'en France et en 1833 que les interprètes, en rendant de grands et utiles services, se trouveraient réduits à leur plus simple expression de considération sociale.

Espérons enfin que la sagesse et la justice du

gouvernement fixeront le sort des interprètes en
leur assurant un avenir; et que lorsqu'ils seront
convenablement organisés, on ne manquera pas
alors de trouver des hommes instruits et qui seront très honorés de faire partie d'un corps spécial dont on aura reconnu généralement l'utilité.

CINQUIÈME PARTIE.

—

PIÈCES OFFICIELLES.

ORDONNANCES DU ROI.

--

LOUIS-PHILIPPE, Roi des Français,

A tous présens et à venir, salut.

Sur le rapport de notre président du conseil, ministre secrétaire-d'état de la guerre,

Nous avons ordonné et ordonnons ce qui suit :

Art. 1er. Le commandement général et la haute administration des possessions françaises dans le nord de l'Afrique (ancienne régence d'Alger) sont confiés à un gouverneur-général.

Il exerce ses pouvoirs sous les ordres et la direction de notre ministre secrétaire-d'état de la guerre.

Art. 2. Un officier-général commandant les troupes,

Un intendant civil,

Un officier-général commandant la marine,

Un procureur-général,

Un intendant militaire,

Un directeur des finances,

Sont chargés des différens services civils et militaires, sous les ordres du gouverneur-général, et dans la limite de leurs attributions respectives.

Art. 3. Le gouverneur-général a près de lui un conseil, composé des fonctionnaires désignés dans l'article précédent.

Suivant la nature des questions soumises au conseil, le gouverneur-général y appelle les chefs des services spéciaux, civils ou militaires, que l'objet des discussions peut concerner. Ils ont voix consultative.

Art. 4. Jusqu'à ce qu'il en soit autrement ordonné, les possessions françaises dans le nord de l'Afrique seront régies par nos ordonnances.

Art. 5. Le gouverneur-général prépare, en conseil, les projets d'ordonnances que réclame la situation du pays, et les transmet à notre ministre secrétaire-d'état de la guerre.

Dans les cas extraordinaires et urgens, il peut provisoirement et par voie d'arrêté, rendre exécutoires les dispositions contenues dans ces projets.

Art. 6. Des ordonnances spéciales détermineront les attributions du gouverneur-général et du conseil, ainsi que l'organisation de l'administration civile, celle de la justice et celle des finances.

L'administration de l'armée et celle de la marine demeurent soumises aux lois et ordonnances qui les régissent.

Art. 7. Notre président du conseil, ministre secrétaire-d'état de la guerre, est chargé de l'exécution de la présente ordonnance.

Paris, le 22 juillet 1834.

LOUIS-PHILIPPE.

Par le Roi :

Le président du conseil, ministre secrétaire-d'état de la guerre,

Maréchal comte GÉRARD.

LOUIS-PHILIPPE, Roi des Français,

A tous présens et à venir salut.

Vu notre ordonnance du 22 juillet courant,

Sur le rapport de notre président du conseil, ministre secrétaire-d'état au département de la guerre,

Nous avons ordonné et ordonnons ce qui suit :

Art. 1er. M. le lieutenant-général Drouet, comte d'Erlon, commandant la 12e division militaire, est nommé gouverneur-général des possessions françaises dans le nord de l'Afrique.

Art. 2. Notre ministre secrétaire-d'état au département de la guerre est chargé de l'exécution de la présente ordonnance.

Fait à Paris, le 27 juillet 1834.

LOUIS-PHILIPPE.

Par le Roi :

Le maréchal, président du conseil, ministre de la guerre,

maréchal comte Gérard.

LOUIS-PHILIPPE, Roi des Français,

A tous présens et à venir, salut.

Sur le rapport de notre ministre secrétaire-d'état au département de la guerre, président du conseil, et de notre garde-des-sceaux, ministre secrétaire-d'état au département de la justice et des cultes,

Nous avons ordonné et ordonnons ce qui suit :

Art. 1er. Dans les possessions françaises du nord de l'Afrique, la justice est administrée, au nom du Roi, par des tribunaux français et par des tribunaux indigènes, suivant les distinctions établies par la présente ordonnance.

Art. 2. Les juges français et indigèues sont nommés et institués par le Roi.

Ils ne peuvent entrer en fonctions qu'après avoir prêté serment.

Leurs audiences sont publiques au civil comme au criminel, excepté dans les affaires où la publicité sera jugée dangereuse pour l'ordre ou les mœurs.

Leurs jugemens sont toujours motivés.

SECTION PREMIÈRE.

Des Tribunaux français.

Art. 3. Dans chacune des villes d'Alger, de Bonne et d'Oran, il y a un tribunal de première instance, un tribunal de commerce à Alger, et un tribunal supérieur, siégeant dans la même ville.

Art. 4. La juridiction des tribunaux d'Alger, Bonne et Oran s'étend sur tous les territoires occupés dans chacune de ces provinces jusqu'aux limites qui seront déterminées par un arrêté spécial du gouverneur.

Le ressort du tribunal supérieur embrasse la totalité des possessions françaises dans le nord de l'Afrique.

Art. 5. Le tribunal de première instance d'Alger se compose de

Deux juges,

D'un substitut du procureur-général du Roi,

D'un greffier et d'un commis greffier.

Art. 6. L'un des deux juges du tribunal de première instance d'Alger connaît de toutes les matières civiles. Il juge en dernier ressort les demandes qui n'excèdent pas 1,000 francs de valeur déterminée ou 50 francs de revenu, et à charge d'appel toutes les autres actions.

Le second juge connaît en dernier ressort de toutes

les contraventions de police et, à la charge d'appel, des autres contraventions et délits correctionnels.

Il est aussi chargé de l'instruction des affaires criminelles.

Art. 7. Ces deux juges remplissent, chacun selon la nature de ses attributions, les diverses fonctions que les lois confèrent, en France, aux juges de paix.

Mais l'appel des jugemens qu'ils rendent n'est reçu que dans les limites établies par l'article précédent.

Art. 8. Les deux juges du tribunal de première instance d'Alger se suppléent réciproquement dans toutes leurs fonctions.

Art. 9. Les tribunaux de première instance de Bonne et d'Oran sont composés chacun d'un juge, d'un suppléant, d'un substitut du procureur-général du Roi et d'un greffier.

Dans chacun de ces siéges, le juge réunit les attributions énumérées dans les art. 6 et 7 de la présente ordonnance.

Il connaît en outre des affaires de commerce, et, sauf l'exception admise par l'art 39 ci-après, il juge en dernier ressort les prévenus de contraventions, de délits ou de crimes contre lesquels la loi ne porte pas une peine supérieure à celle de la réclusion.

Il connaît, à la charge d'appel, des autres crimes.

Art. 10. Le tribunal de commerce d'Alger se compose de sept notables négocians nommés chaque année par le gouverneur, qui désigne en même temps le président.

Ils sont indéfiniment rééligibles.

Ils ne peuvent rendre des jugemens qu'au nombre de trois.

Un greffier est attaché à ce tribunal, dont le président et les juges ne reçoivent ni traitement ni indemnité.

Art. 11. Le tribunal supérieur d'Alger est composé :

D'un président et de trois juges,

D'un procureur-général du Roi,

D'un substitut,

D'un greffier et d'un commis greffier assermenté.

Il connaît de l'appel des jugemens rendus en premier
ressort par les tribunaux de première instance et de
commerce.

Il ne pourra juger qu'au nombre de trois juges au
moins.

Art. 12. Le tribunal supérieur, constitué en tribunal criminel, juge les appels en matière correctionnelle, toutes les affaires qui seraient portées, en France,
devant les cours d'assises, ainsi que les appels des
jugemens d'Oran et de Bonne mentionnés en l'art. 9
ci-dessus.

Dans ces cas, les magistrats doivent nécessairement
siéger au nombre de quatre.

Trois voix sont requises pour qu'il y ait condamnation.

Art. 13. Le procureur-général exerce auprès de
tous les tribunaux les attributions du ministère public
en France.

Ses substituts exercent sous sa direction immédiate
les mêmes attributions près du tribunal auquel ils sont
attachés.

Art. 14. Chaque année, le gouverneur, après avoir
pris l'avis du président du tribunal supérieur et du
procureur-général, désigne, par un arrêté spécial,

ceux des juges qui doivent composer les divers tribunaux.

Il désigne également celui des juges du tribunal de
première instance d'Alger qui connaît des affaires civiles, et celui qui est chargé des affaires correctionnelles et de police ainsi que de l'instruction des affaires
criminelles.

En cas d'empêchement d'un juge, il est suppléé
par un autre juge désigné par le président du tribunal
supérieur, et à Oran et à Bonne par le juge-suppléant
attaché au tribunal de chacune de ces deux villes.

Art. 15. Chaque année, le procureur-général, par
un arrêté spécial, fait la distribution du service entre
les substituts et désigne le tribunal près duquel chacun
d'eux doit exercer ses fonctions.

Expédition de cet arrêté est immédiatement trans-
mise au gouverneur.

Cette distribution du service ne fait pas obstacle à
ce que le gouverneur et le procureur-général, quand
ils le jugent nécessaire, changent les attributions et la
résidence des juges et des substituts. Ils conservent
respectivement à toute époque de l'année le droit de
modifier le roulement.

Art. 16. En cas d'absence ou d'empêchement d'un
des juges du tribunal supérieur, il sera remplacé de
droit par un des juges du tribunal de première instance
d'Alger.

Art. 17. Les greffiers pourront être suppléés par les
commis assermentés désignés par eux, et au besoin par
un des notaires de la résidence, désigné par le tribunal.

Art. 18. Il est attaché aux tribunaux français, pour
les assister ou siéger avec eux dans les cas déterminés

au titre suivant, des assesseurs musulmans, au nombre de quatre pour Alger et de deux pour chacune des villes de Bonne et d'Oran.

Ces assesseurs sont nommés par le gouverneur.

Art. 19. Des interprètes assermentés sont spécialement attachés au service des divers tribunaux, et répartis selon les besoins, par arrêté du gouverneur.

Art. 20. Les juges, les suppléans, le procureur-général et ses substituts doivent réunir toutes les conditions d'aptitude requises en France pour exercer les mêmes fonctions.

Art. 21. Les juges des tribunaux d'Alger, de Bonne et d'Oran portent le costume des juges de première instance de France.

Le costume du président du tribunal supérieur et du procureur-général est le même que celui des conseillers des cours royales en France.

Art. 22. Le traitement du procureur-général et du président du tribunal supérieur est fixé à 12,000 fr. ;

Celui des juges et des substituts du procureur-général à 6,000 fr. ;

Celui des suppléans à 3,000 fr.

Ces divers traitemens subissent la retenue établie en faveur de la caisse des retraites.

Les services en Afrique sont comptés, pour les droits à la retraite, comme s'ils avaient été rendus en France

Art. 23. Le traitement des greffiers est fixé ainsi qu'il suit :

Greffier du tribunal supérieur d'Alger... 4,000 fr.

Commis greffier assermenté............ 2,000

Greffier du tribunal de première instance

d'Alger.................................. 4,000

Commis greffier assermenté............ 2,000

Greffiers des tribunaux de première instance de Bonne et d'Oran, chacun........ 3,000

Greffier du tribunal de commerce d'Alger.. 4,000

Moyennant les allocations ci-dessus, le personnel
et le matériel des greffes demeurent à la charge des
greffiers, sauf le papier timbré, qui leur est rem-
boursé par le Trésor royal. Les droits de greffe et
d'expéditions fixés par les tarifs de France sont perçus
au profit du domaine.

Art. 24. Il est alloué aux assesseurs nommés en
exécution de l'art. 18 ci-dessus des droits de présence
fixés par un tarif spécial du gouverneur pour toutes les
affaires au jugement desquelles ils participent.

SECTION II.

Des Tribunaux indigènes.

Art. 25. Les tribunaux musulmans sont maintenus.

Les muphtis et les cadis sont nommés et institués par
le Roi, ou, en son nom, par le gouverneur. Ils reçoivent un traitement de l'Etat. La quotité en sera
ultérieurement fixée sur la proposition du gouverneur.

Art. 26. Le gouverneur institue également, partout
où il le juge nécessaire, des tribunaux israélites composés d'un ou trois rabbins par lui désignés.

Leurs fonctions sont gratuites.

TITRE II.

Compétence et attributions des Tribunaux français et indigènes.

Art. 27. Les tribunaux français connaissent de toutes les affaires civiles et commerciales entre Français, entre Français et indigènes ou étrangers, entre indigènes de religion différente, entre indigènes et étrangers, entre étrangers, enfin entre indigènes de la même religion quand ils y consentent.

Art. 28. Les tribunaux français civils et de commerce, pour le jugement de tout procès dans lequel un musulman est intéressé, sont assistés d'un assesseur musulman pris à tour de rôle sur la liste dressée par le gouverneur, en exécution de l'article 18 ci-dessus.

Cet assesseur a voix consultative; son avis sur le point de droit est toujours mentionné dans le jugement.

Art. 29. La disposition qui précède est applicable au tribunal supérieur toutes les fois qu'il juge sur appel, tant en matière civile et commerciale que correctionnelle.

Art. 30. La compétence du tribunal de commerce d'Alger, à raison de sa matière, est la même que celle des tribunaux de commerce de France.

Art. 31. La loi française régit les conventions et contestations entre Français et étrangers. Les indigènes sont présumés avoir contracté entre eux selon la loi du pays, à moins qu'il n'y ait convention contraire.

Dans les contestations entre Français ou étrangers et indigènes, la loi française ou celle du pays sont appliquées selon la nature de l'objet du litige, la teneur de la convention et, à défaut de convention, selon les circonstances ou l'intention présumée des parties.

Art. 32. Les tribunaux français connaissent de toutes les infractions aux lois de police et de sûreté, à quelque nation ou religion qu'appartienne l'inculpé;

De tous les crimes ou délits commis par des Français, des israëlites ou des étrangers ;

Des crimes ou délits commis par des musulmans indigènes au préjudice de Français, d'israëlites ou d'étrangers.

Art. 33. Ils ne peuvent prononcer d'autres peines que celles établies par le code pénal français.

Art. 34. En matière correctionnelle et criminelle, dans tous les cas où les tribunaux français reconnaissent des circonstances atténuantes, ils appliquent l'article 463 du Code pénal.

Si le prévenu est un indigène et si le fait à lui imputé n'est ni prévu, ni puni par la loi du pays, les tribunaux français peuvent modérer indéfiniment la peine, et même renvoyer le prévenu absous.

Art. 35. Toutes les fois qu'un musulman est mis en jugement comme coupable ou complice d'un délit ou d'un crime, le juge français est assisté d'un assesseur musulman ayant voix consultative, comme il est prescrit en matière civile par l'article 28 ci-dessus.

Cette disposition est applicable au jugement sur appel.

Art. 36. Quand le tribunal supérieur est constitué en tribunal criminel et qu'il est appelé à prononcer sur un musulman, il s'adjoint deux assesseurs qui ont voix délibérative sur la déclaration de culpabilité et voix consultative seulement sur l'application de la peine.

Dans le premier cas, les deux tiers des voix sont nécessaires pour reconnaître la culpabilité, il en faut trois pour l'application de la peine, ainsi qu'il est dit à l'art. 12 ci-dessus.

Art. 37. Demeure réservée aux conseils de guerre, la connaissance des crimes et délits commis en dehors des

limites telles qu'elles auront été déterminées en exécution de l'art. 4.

1° Par un indigène au préjudice d'un Français ou
d'un Européen ;

2° Par un indigène au préjudice d'un autre indigène,
alors seulement que le fait à punir intéresse la souve-
raineté française ou la sûreté de l'armée ;

3° Par un Français au préjudice d'un indigène.

Art. 38. La compétence et les attributions des cadis
et des autres tribunaux musulmans sont maintenues.

Les cadis continuent à constater et rédiger en forme
authentique les conventions dans lesquelles les musulmans sont intéressés.

Art. 39. Les musulmans indigènes, prévenus de crimes
ou délits contre la personne ou les propriétés d'autres
musulmans aussi indigènes, sont jugés par le cadi ou
les autres juges du pays , selon la loi et les formes sui-
vies jusqu'à ce jour.

Néanmoins aucun jugement de condamnation ne peut
être mis à exécution qu'après avoir été revêtu du visa
du procureur-général à Alger , et de son substitut à
Bonne ou à Oran.

L'exécution a lieu , dans tous les cas, par des agens
spéciaux de la force publique, institués ou agréés par
le procureur-général.

Art. 40. Dans le cas de l'article précédent, le prévenu, le substitut du procureur-général et le procureur-
général lui-même peuvent interjeter appel de la décision du cadi. Le tribunal supérieur la réforme, s'il y a
lieu , mais seulement lorsque le fait qui a provoqué la
poursuite est prévu par la loi française.

Art. 41. Si le cadi néglige ou refuse de poursuivre , le

tribunal supérieur peut, d'office ou sur le réquisitoire du procureur-général, évoquer la poursuite desdits crimes ou délits.

Dans ce cas, comme dans celui de l'article précédent, le tribunal supérieur applique la loi du pays ; il doit appliquer la loi française si elle prononce une peine moindre.

Art. 42. Les jugemens rendus par le cadi, lorsque la partie condamnée ne les exécute pas volontairement et à l'instant, sont, ainsi que les actes civils qu'il reçoit, écrits en double minute et signés tant du cadi que des assesseurs et des parties, quand il y a lieu, sur un registre spécial dont le dépôt est, tous les trois mois, effectué sans frais au greffe du tribunal supérieur.

Il n'est point dérogé, par cette disposition, aux autres obligations que la loi ou la coutume imposent aux cadis.

Art. 43. Les tribunaux israélites connaissent en dernier ressort :

1° Des contestations entre israélites, concernant la validité ou la nullité des mariages et répudiations selon la loi de Moïse ;

2° Des infractions à la loi religieuse, lorsque d'après la loi française, elles ne constituent ni crime, ni délit, ni contravention.

Ces tribunaux concilient les israélites qui se présentent volontairement et constatent entre eux toutes conventions civiles.

Toutes autres attributions leur sont interdites, à peine de forfaiture.

Les dispositions de l'article précédent leur demeurent applicables.

Art. 44. Tout jugement portant condamnation à la peine de mort, et prononcé, soit par les tribunaux français, soit par les tribunaux indigènes, ne pourra être exécuté sans l'autorisation formelle et écrite du gouverneur.

Art. 45. Le gouverneur peut ordonner un sursis à l'exécution de toute condamnation quelconque.

Le droit de faire grâce n'appartient qu'au Roi.

Art. 46. Le recours en cassation est ouvert aux parties, mais seulement contre les jugemens du tribunal supérieur.

Il est formé et suivi d'après les règlemens en vigueur pour les possessions françaises hors du territoire continental.

Toutefois, le pourvoi ne pourra être formé, en matière criminelle et correctionnelle, que lorsque le condamné se sera préalablement constitué.

TITRE III.

De la procédure devant les tribunaux français et indigènes.

Art. 47. Toutes les instances civiles sont dispensées du préliminaire de la conciliation. Les juges de première instance pourront néanmoins inviter les parties à comparaître en personne sur simple avertissement et sans frais.

Quand un musulman ou israélite est, ou doit être mis en cause, l'invitation sans frais précède nécessairement l'assignation.

Art. 48. La forme de procéder en matière civile ou commerciale devant les tribunaux français d'Afrique

est celle qui est suivie en France devant les tribunaux
de commerce.

On suit devant le cadi et les autres tribunaux indigènes la procédure usitée dans le pays.

Art. 49. Le délai pour interjeter appel des jugemens
contradictoires en matière civile et commerciale est d'un
mois à partir de la signification à personne au domicile
réel ou d'élection. Ce délai est augmenté à raison des
distances, qui seront réglées par un arrêté du gouverneur.

A l'égard des incapables, ce délai ne pourra courir
que par la signification à personne ou au domicile de
ceux qui sont chargés de l'exercice de leurs droits.

L'appel des jugemens rendus par le cadi, pour les
formes et le délai dans lequel il doit être interjeté, reste
soumis à la loi et aux usages du pays.

Dans aucun cas, l'appel ne sera reçu ni contre les
jugemens par défaut, ni contre les jugemens interlocu-
toires, avant le jugement définitif.

Art. 50. En matière correctionnelle ou de simple police, le tribunal est saisi par le ministère public, soit
qu'il y ait eu ou qu'il n'y ait pas eu instruction préalable, ou directement par la citation donnée au prévenu
à la requête de la partie civile.

S'il y a eu instruction, le juge remet les pièces au
procureur-général ou à son substitut, qui reste le maître
de ne pas donner suite à l'affaire ou de saisir le tribunal correctionnel.

Art. 51. Le juge d'Instruction statue, le ministère
public entendu, sur les demandes de mise en liberté
provisoire.

Art. 52. Si, après l'envoi des pièces de l'instruction

par le juge d'instruction au procureur-général, celui-ci est d'avis qu'il y a lieu de traduire l'accusé devant le tribunal supérieur faisant fonctions de tribunal criminel, il dresse l'acte d'accusation et demande au président l'indication d'un jour pour l'ouverture des débats. L'ordonnance du juge et l'acte d'accusation sont signifiés à l'accusé, auquel toutes les pièces de la procédure sont communiquées sur sa demande.

Le procureur-général peut également, dans le cas de crime, sans instruction préalable, saisir directement le tribunal supérieur.

Art. 53. La forme de procéder en matière criminelle, correctionnelle et de police, ainsi que les délais et les formes de l'appel, dans les cas où il est autorisé , sont réglés par les dispositions du Code d'instruction relatives à la procédure devant les tribunaux de police correctionnelle.

TITRE IV.

Juridiction administrative.

Art. 54. Le conseil d'administration , établi près du gouverneur, statue sur toutes les matières dont la connaissance est, en France , dévolue aux conseils de préfecture.

Il connaît également des actes d'administration attribués en France au conseil-d'état.

Les mêmes formes d'instruction sont observées.

Art. 55. Les arrêtés du conseil pourront être déférés au conseil-d'état, mais ils seront, dans tous les cas, provisoirement exécutoires.

Néanmoins , en ayant égard aux circonstances , le gouverneur pourra d'office, ou sur la demande des parties intéressées, suspendre l'exécution jusqu'à décision définitive.

Art. 56. Dans le cas où le gouverneur peut prononcer seul, ses arrêtés ne seront sujets à aucun recours, sauf toutefois les actions devant les tribunaux ordinaires, dans les matières de leur compétence.

Art. 57. Lorsque l'autorité administrative élève le conflit d'attribution, il est jugé en dernier ressort par le conseil réuni sous la présidence du gouverneur, auquel est adjoint un nouveau membre de l'ordre judiciaire.

TITRE V.

Dispositions particulières.

Art. 58 Toute citation ou notification faite à un indigène en matière civile on criminelle, sera, à peine de nullité, accompagnée de la traduction en langue arabe, faite et certifiée par un interprète assermenté.

Art. 59. Nonobstant toutes dispositions des lois, les nullités d'exploits et actes de procédure seront facultatives pour le juge, qui pourra, selon les circonstances, les accueillir ou les rejeter.

Art. 60. Tout jugement portant condamnation au paiement d'une somme d'argent ou à la délivrance de valeurs ou objets mobiliers, pourra, lors de sa prononciation, être déclaré exécutoire par la voie de la contrainte par corps.

Il n'est rien innové aux règles de l'exécution des jugemens en matière commerciale.

Art. 61. Seront tenus, tous les fonctionnaires musulmans ou israélites dans l'ordre judiciaire ou administratif, et tous agens de la force publique mis a leur disposition spéciale, de prêter assistance à l'autorité française pour la recherche ou constatation des crimes ou délits, comme aussi pour la mise à exécution des mandemens de justice et des jugemens rendus par les tribunaux français.

Art. 62. Un règlement du gouverneur déterminera les conditions d'admission aux professions ou fonctions de défenseurs près les tribunaux, notaires, huissiers, commissaires-priseurs, ainsi que les règles de discipline auxquelles les individus qui les exercent seront assujétis.

Art. 63. Toutes les dispositions des arrêtés ou règlemens publiés depuis le 7 juillet 1830 sur l'organisation et l'administration de la justice, cesseront d'avoir leur effet à compter du jour de la mise à exécution de la présente ordonnance.

Art. 64. Notre ministre secrétaire-d'état au département de la guerre, président du conseil, et notre garde-des-sceaux, ministre secrétaire d'état, de la justice et des cultes, sont chargés, chacun en ce qui le concerne, de l'exécution de la présente ordonnance.

Donné à Paris, le 10 août 1834.

LOUIS-PHILIPPE.

Par le Roi :

Le président du conseil, ministre secrétaire-
d'état au département de la guerre,

Ml. comte GÉRARD.

LOUIS-PHILIPPE, Roi des Français,

A tous présens et à venir, salut.

Sur le rapport de notre président du conseil, ministre secrétaire-d'état de la guerre.

Nous avons ordonné et ordonnons ce qui suit :

Art. 1er Le sieur Le Pasquier, préfet du Finistère,

est nommé intendant civil des possessions françaises
dans le nord de l'Afrique, en remplacement du sieur
Genty de Bussy, maître des requêtes en notre conseil-
d'état.

Art. 2. Notre président du conseil, ministre secrétaire-d'état de la guerre, est chargé de l'exécution de
la présente ordonnance.

Paris, 12 août 1834.

LOUIS-PHILIPPE.

Par le Roi :

*Le président du conseil, ministre secrétaire-
d'état de la guerre,*

Mal. comte GÉRARD.

LOUIS-PHILIPPE, Roi DES FRANÇAIS,

A tous présens et à venir, salut.

Sur le rapport de notre ministre secrétaire-d'état de
la guerre, président du conseil, et de notre garde-des
sceaux, ministre secrétaire-d'état de la justice et des
cultes,

Nous avons ordonné et ordonnons ce qui suit :

Art. 1er. Le sieur Laurence, membre de la chambre
des députés, est nommé notre commissaire spécial de la
justice dans les possessions françaises du nord de l'Afrique. Il est chargé, en cette qualité, de rechercher et
de réunir tous les faits et documens propres à éclairer
notre Gouvernement sur l'état actuel de la législation
du pays dans toutes ses parties, et sur les modifications
et améliorations qu'il serait convenable d'y apporter.

Art. 2. Notre commissaire spécial exercera, pendant
toute la durée de sa mission et par intérim, toutes les

12

fonctions et attributions conférées à notre procureur-
général par nos ordonnons de ce jour.

Art. 3. Notre ministre secrétaire-d'état au département de la guerre, président du conseil, et notre garde-
des-sceaux, ministre secrétaire-d'état au département
de la justice et des cultes, sont chargés, chacun en ce
qui le concerne, de l'exécution de la présente ordonnance.

Paris, le 12 août 1834.

LOUIS-PHILIPPE.

Par le Roi :

*Le président du conseil, ministre secrétaire-d'état
de la guerre,*

Ml. comte GÉRARD.

LOUIS-PHILIPPE, ROI DES FRANÇAIS.

A tous présens et à venir, salut :

Vu notre ordonnance du .. de ce mois, concernant
l'organisation du service maritime dans les possessions
françaises au nord de l'Afrique,

Et sur le rapport de notre ministre secrétaire d'état
au département de la marine et des colonies,

Nous avons ordonné et ordonnons ce qui suit.

Art. 1er. M. le contre-amiral Botherel de la Breton-
nière (Voldemar-Guillaume-Nème) est nommé commandant de la marine dans les possessions françaises au
nord de l'Afrique.

Art. 2. Cet officier-général aura sa résidence à Alger.

Art. 3. Une décision ultérieure déterminera le traitement à attacher à cet emploi.

Art. 4. Notre ministre secrétaire-d'état au département de la guerre, président du conseil, et notre mi-

nistre secrétaire-d'état au département de la marine et des colonies , sont chargés , chacun en ce qui le concerne , de l'exécution de la présente ordonnance.

Donné à Paris , le 12 août 1834.

LOUIS-PHILIPPE.

Par le Roi :

Le pair de France , ministre secrétaire-d'état de la marine et des colonies,　　　Cte JACOB.

LOUIS-PHILIPPE , Roi des Français ,

A tous présens et à venir , salut.

Sur le rapport de notre président du conseil, ministre secrétaire-d'état au département de la guerre, et de notre garde-des-sceaux , ministre secrétaire-d'état au département de la justice et des cultes ,

Avons nommé et nommons :

Président du tribunal supérieur d'Alger , M. Filhon , avocat-général à la cour royale de Bastia ;

Juges dans les possessions françaises du nord de l'Afrique ,

MM. Bonnet des Maisons, actuellement juge dans lesdites possessions ;

Corniset-la-Mothe , *id.* ;

Salles , juge d'instruction au tribunal civil de Lourdes;

Ponton-Damécourt (Louis), ancien procureur du Roi;

Solvet , substitut du procureur du Roi près le tribunal civil de Soissons ;

Giaccobi, substitut du procureur du Roi près le tribunal civil de Quimper ;

Verdun , substitut du procureur du Roi près le tribunal civil de Vienne.

Juges suppléans :

MM. Gauran, avocat à Toulouse, et Germain, avocat à Saint-Gaudens.

Premier substitut du procureur-général du Roi à Alger:

M. Loyson, procureur du Roi près le tribunal civil de Colmar.

Substituts du procureur-général du Roi à Alger :

MM. Daverton, ancien procureur du Roi près le tribunal civil de Melle ;

Renaud-Lebon , avocat à Paris ,

Et Fleury, substitut du procureer du Roi près le tribunal civil de Castellane.

Greffier du tribunal supérieur d'Alger :

M. Grandin, ancien commis-greffier à la cour royale de Paris.

Greffier du tribunal de première instance d'Alger :

M. Mourgues, actuellement greffier à Alger.

Greffier du tribunal de première instance de Bonne :

M. Chenu de Pierry (Pierre-Elie-Eugène.)

Greffier du tribunal de première instance d'Oran :

M. Forcioli, actuellement greffier à Oran.

Greffier du tribunal de commerce d'Alger :

M. Despourrin (Julien) , avocat à Tarbes.

Notre président du conseil, ministre secrétaire d'état au département de la guerre, est chargé de l'exécution de la présente ordonnance.

Fait à Paris, le 23 août 1834.

LOUIS-PHILIPPE.

Par le Roi :

Le président du conseil, ministre de la guerre,

Ml. Cte Gérard.

NOUS, Lieutenant-général, pair de France, Gouverneur-Général des possessious françaises dans le nord de l'Afrique,

Sur le rapport de M. le Commissaire spécial de la justice, membre de la chambre des Députés, procureur-général par intérim,

Après en avoir délibéré en conseil d'administration,

Avons arrêté et arrêtons ce qui suit :

Art. 1er. Il y a pour la langue arabe et les langues étrangères des iuterprêtes traducteurs assermentés nommés et commissionnés par nous sur le rapport du procureur-général.

Art. 2. Les interprètes traducteurs ont exclusivement qualité pour intervenir entre les parties, quand il est besoin, dans toutes les conventions écrites ou authentiques. Nul acte reçu par les notaires, cadis ou autres officiers publics, si les contractans ne parlent pas la même langue, n'est valable sans l'entremise d'un interprète traducteur, lequel signe comme assistant. Cette disposition n'est point applicable aux rapports avec les administrations publiques.

Art. 3. Nul acte écrit en langue arabe ou étrangère ne peut être produit en justice, cité ou annexé à un autre acte, reçu par un officier public français, s'il n'est accompagné de la traduction faite et certifiée par un interprète traducteur assermenté. Ce qui précède est également observé dans le cas où un acte écrit en langue française ou étrangère doit être produit devant un juge ou notaire indigène.

Art. 4. Les traductions dûment certifiées par un interprète traducteur assermenté, feront foi en justice de leur contenu, sauf contradiction de la part des parties intéressées et vérification ordonnée par les tribunaux.

Art. 5. Avant d'entrer en exercice, les interprètes traducteurs prêtent devant le tribunal du lieu de leur résidence le serment suivant: « Je jure fidélité au Roi « des Français, obéissance aux lois, et de remplir avec « exactitude et probité les devoirs de ma profession. »

Art. 6. Le nombre des interprètes assermentés est fixé à douze; savoir : huit pour les langues arabe et turque, un pour l'espagnol, un pour l'italien, un pour l'anglais et l'allemand, un pour la langue hébraïque et l'arabe hébreu.

Art. 7. Nul n'est commissionné comme interprète traducteur s'il n'est âgé de 21 ans accomplis, et s'il ne justifie, par examen subi devant une commission spéciale désignée par nous, qu'il sait, 1° parler et écrire correctement la langue française ;

2° Traduire, d'après le langage parlé et l'écriture usuelle, les langues pour lesquelles il demande à être commissionné ;

3° Parler familièrement les mêmes langues et les écrire en caractères usuels.

Art. 8. Pourront toutefois les interprètes traducteurs à commissionner par nous jusqu'au 1er juillet 1836, être dispensés des conditions portées en l'article précédent; après cette époque, les aspirans et même les interprètes déjà commissionnés avec dispense, devront se conformer à ce qui est prescrit par l'art. 7.

Art. 9. Les interprètes ou traducteurs attachés à un service public sont affranchis de la nécessité d'une commission spéciale: la décision qui les nomme leur en tient lieu, mais exclusivement dans leurs rapports avec les autorités dont ils dépendent.

Pour jouir des droits attribués aux interprètes-traducteurs assermentés, ils sont tenus de se conformer à toutes les prescriptions du présent arrêté.

Art. 10. Les interprètes attachés aux tribunaux ne peuvent exercer aucune autre profession. Ils demeurent constamment à la disposition des magistrats et ne peuvent s'absenter sans autorisation du procurenr-général. La même autorisation leur est nécessaire pour prêter leur ministère à quiconque, en dehors de leurs attributions judiciaires.

Ils ont seuls qualité pour faire et certifier la traduction des notifications en matière criminelle ou correctionelle, et généralement de tous actes ordonnés par justice.

Art. 11. L'acceptation par les interprètes mentionnés au précédent article, d'un salaire ou indemnité quelconque, sera poursuivie comme concussion.

Art. 12. Les interprètes-traducteurs traduiront les actes avec simplicité et briéveté. Ils en reproduiront le sens littéral et rappelleront, dans la langue originale, les expressions qui n'ont point d'équivalent ou de termes correspondans, en indiquant le sens qui leur semble devoir y être attaché.

Art. 13. L'infidélité ou la mauvaise foi dans les interprétations ou traductions seront punies de la révocation sans préjudice, selon les cas, de l'application des articles 162, 174, 361, 362 et 363 du code pénal.

Art. 14. Il sera alloué aux interprètes-traducteurs, pour assister les parties devant un officier public quand il y aura écriture de conventions, le quart des honoraires de l'officier rédacteur, sans qu'en aucun cas la somme puisse être supérieure à 20 fr. ni inférieure à 3 fr. L'officier public recouvrera sous sa responsabilité les droits de l'interprète et lui en fera compte directement,

Pour traduction d'actes et pièces par rôle de traduction de 25 lignes à la page et 15 syllabes à la ligne, savoir :

De langue arabe, turque et hébraïque, 3 fr.

De toutes les autres langues, 1 fr, 50 c.

Toute traduction mentionnera le coût réclamé ou reçu par le traducteur. L'interprète-traducteur qui aura reçu ou exigé des sommes supérieures à la fixation ci-dessus sera puni disciplinairement sans préjudice des autres peines encourues.

Art. 15. Les interprètes-traducteurs assermentés sont placés sous la surveillance du procureur-général, qui nous propose quand il y a lieu de prononcer contre eux selon la gravité des cas, la suspension pour 6 mois au plus, ou la révocation.

Art. 16. Toute personne qui, sans être pourvue de commission, aura usurpé les fonctions d'interprète-traducteur, sera traduite devant les tribunaux et passible de l'application de l'article 258 du code pénal.

Art. 17. Le procureur-général est chargé de l'exécution du présent arrêté.

Fait à Alger, le 2 février 1835.

D. Comte D'ERLON.

Par le Gouverneur-Général,

Le secrétaire du Gouvernement,

VALLET-CHEVIGNY.

NOTES.

NOTES.

(1) Le premier tribunal qui a été institué à Alger, était le tribunal mixte, ainsi composé :

MM. Pilaut-de-Bit, président.

Thyerry, juge,
Granet, id. } Français.

Germond, juge suppléant. id.

Mohhammad-ben-Négro, juge,
Hhamido, id.
Aly-el-Bahhre, juge suppléant. } Maures.

Bacry, juge.
Durand, id.
Moàty, juge suppléant. } Juifs.

Vincent, procureur du Roi.
Thierrat, greffier. } Français.

Lors de la recomposition des tribunaux qui eut lieu plus tard, furent nommés :

MM. Roland de Bussy père, juge de paix et juge royal,
Auguste Roland de Bussy, greffier,
Bothary,
Thama père. } Interprètes.

Quelques jours après on institua un tribunal de police correctionnelle, ainsi composé :

MM. Roland de Bussy père, président.

Parcellier, juge,
Thyerriat, id.

Roche, juge suppléant,
et plus tard,
MM. Poggi, juge,

Marion, id.

Hautefeuille, procureur du Roi,

Roland de Bussy fils, greffier,

Bothary, interprète,

Thama père, id.

La cour criminelle était ainsi composée :

MM. Rolland de Bussy père, président,

Vincent, juge,

Cornisset-Lamothe, id.

Poggi, id.

Marion, id.

Granet, id.

Hautefeuille, procureur du Roi, remplissant les fonctions incompatibles de juge d'instruction.

Auguste Roland de Bussy, greffier,

Bothary, interprète,

Thama, id.

La cour de justice qui fut créée à cette même époque était composée ainsi qu'il suit :

MM. Vincent, juge, faisant fonction de président,

Janbert, juge,

Roche, id.

Colombon, juge suppléant,

et plus tard, de

MM. Cornisset -Lamothe, juge,

Granet, id.

Hautefeuille, procureur du Roi.

Mourgues, greffier.

Bothari, interprète.

Thama, id.

Le conseil ou tribunal supérieur eut pour membres, suivant les diverses époques, les personnes dont les noms suivent :

MM. Bourmont, Clauzel, Berthezène, Boyer, Rovigo, Avyzard et Voirol, présidens,

Pichon, Genty de Bussy, membres.

Roland, Bondurand, id.

Danlion, Avizard, id

Firino, Grillet, id.

Fougeroux, Blondel, id.

Pilaut-Debit, Roland de Bussy, id.
Cosmao , Le Gallois, id.
Cabanis, Fissont , secrétaires.

Ici, se borne la liste nominative des divers fonctionnaires qui ont servi à composer l'ordre judiciaire à Alger, jusqu'au moment de l'arrivée de M. le gouverneur-général et de M. le procureur-général Laurence, commissaire du Roi, pour l'organisation de la justice.

On voit, d'après cette liste, qu'à l'exception de la composition du conseil supérieur, et, à quelques autres honorables exceptions près, l'ordre judiciaire en Afrique n'était pas de nature à satisfaire toutes les exigences.

Cet inconvénient vient, sans doute, de ce que l'autorité était en disette d'hommes aptes à remplir les importantes fonctions de juges ; voilà pourquoi les nominations n'ont pas toujours été favorables aux intérêts des nombreux habitans de la Régence. Cette raison majeure peut excuser en quelque sorte la précipitation avec laquelle les choix ont été faits.

Néanmoins, pour être juste à l'égard de certaines personnes et mettre leur susceptibilité personnelle à l'abri, nous dirons qu'il est fâcheux qu'avec les talens et le genre de mérite que plusieurs d'entre elles possédaient, elles n'y aient pas joint la connaissance exacte et approfondie du droit. Juger les parties, c'est se rendre arbitre de la fortune des particuliers, tenir en main leur existence personnelle ; c'est être en un mot la justice personnifiée. La justice, dans le siècle où nous vivons, est l'une des questions les plus graves de l'ordre social, que le premier venu n'est pas apte à résoudre.

(2) Je rapporterai ici, pour donner une idée des mœurs, quelques jugemens rendus à Alger : les uns confondront l'esprit le plus réfléchi ; les autres donneront une idée du fanatisme religieux et de la haine nationale que les musulmans nous portent ; d'autres prouveront la bonne foi, l'intelligence et le bon sens dans les arrêts qui concernent directement les indigènes.

J'ai dit que les *huis-clos*, n'existaient pas pour les affaires où la pudeur publique pouvait être effarouchée, on peut en juger par celle que je vais rapporter et qui s'est passée à Alger en 1832.

« Une femme se présente devant le cadi, accompagnée de son

« mari, et demande au juge le divorce; interpellée par le magis-
« trat sur les motifs qui l'obligeait à former une semblable action
« judiciaire, elle répondit après quelques instants et avec hésita-
« tion, que son mari, qu'elle aimait d'ailleurs, était doué d'une
« force de tempérament extraordinaire qui la conduirait avant
« peu à la ruine totale de sa santé; que ses expansions conjugales
« se répétaient jusqu'à sept fois dans la même journée, et qu'elle
« ne pouvait raisonnablement répondre à tant d'effusions. Après
« cette courte déposition de la femme, le *cadi* interrogea l'époux,
« afin de savoir si ce que la femme avançait, était vrai ou faux,
« celui-ci déclara sur son ame et conscience (formule ordinaire)
« que la déposision de son épouse était en tout conforme à la
« vérité; puis il ajouta, la faute en est à la nature qui m'a donné
« une constitution forte et vigoureuse. Mes moyens ne me per-
« mettent pas d'épouser plusieurs femmes, je ne puis donc m'a-
« dresser qu'à celle que j'ai choisie : elle est à moi et j'use de mes
« droits. Vous remarquerez aussi, *ià Khralifat el Nabi*, (ô! suc-
« cesseur de Mahomet), que je travaille beaucoup et que le
« travail me fortifie; que je ne me nourris que de *couscoussou* (met
« national), et que cette nourriture contribue à me fortifier en-
« core plus; alors, dites-moi ce que je dois faire, car je refuse
« mon autorisation à la demande en divorce formée par ma femme.

  « Eh ! bien, dit le cadi, après avoir réfléchi un moment, il
« faut être raisonnable tous deux: toi, (en s'adressant à l'homme),
« il ne faut plus payer la dette conjugale que trois fois le jour :
« femme ! adhères-tu à cet arrangement? Que votre jugement soit
« béni, répondit la plaignante. Et comme le couple s'en allait, il
« passa une idée à travers la tête du mari qui le fit revenir sur ses
« pas et interrompre le *cadi* de nouveau : mais j'oubliais de vous
« demander, *ià Khralifat el Nabi*, quelle doit être ma conduite le
« vendredi qui est un jour de désœuvrement ? Eh ! bien, dit le
« cadi, le vendredi ce sera une fois de plus. »

  Si ce jugement extraordinaire avait été consigné dans un tout
autre endroit, il paraîtrait un conte fait à plaisir, cependant il a
eu lieu à Alger, en 1832, *coràm populo*, au tribunal du *cadi
Melki*.

  Comment un tribunal français aurait-il jugé une semblable
question ?

Voici un autre jugement qui met à découvert toute la haine du cadi contre les Français, alors même qu'ils ne figurent point dans le procès.

« Une femme se présente au *cadi* et demande le divorce, fondé
« sur les mauvais traitemens que lui fait éprouver son brutal époux.
« Le mari avoue l'imputation à lui faite, et déclare qu'il ne bat
« sa femme que parce qu'elle monte continuellement sur les
« terrasses où elle est exposée à la vue des chrétiens qui lui font
« des signes, auxquels elle répond. Le *cadi* adjure la femme de
« lui dire la vérité, elle s'y refuse et se renferme dans un sys-
« tème complet de dénégation et ne veut rien avouer. Le *cadi*
« ordonne en conséquence que des coups de bâtons lui seraient
« donnés sur la plante des pieds jusqu'à ce qu'elle ait avoué le fait
« d'une inculpation qui n'est peut-être qu'imaginaire. Néanmoins
« les *chaouiches* (huissiers) exécutèrent l'ordre barbare, mais
« légal du cadi, et la douleur arracha à la musulmane un aveu
« qui peut-être est loin de la vérité. Après cette exécution
« le divorce fut prononcé et le cadi admonesta sévèrement cette
« malheureuse et la menaça de toute la rigueur de la loi étayée de
« sa colère. Jaloux de la trouver en faute parce que son sort était
« plaint par les Français, il la fit surveiller de près par ses agens
« qui, vinrent lui rapporter qu'elle continuait à se laisser voir
« par les chrétiens. Le *cadi* la fit alors venir et sans lui donner le
« temps de se justifier, il lui fit donner une rude correction et la
« fit jeter dans une prison où elle resta quelques jours.

« Dès qu'elle fut élargie, elle vit que sa position était très
« malheureuse ; pour elle l'avenir ne devait plus être d'après les
« paroles acerbes du cadi, qu'une longue persécution. Pour échap-
» per à ses ennemis, cette malheureuse s'arrêta à l'idée de se
« faire chrétienne. Elle fut en conséquence trouver le général en
« chef qui ne pouvant s'y refuser, lui accorda l'autorisation qu'elle
« réclamait.

Cette affaire a donné lieu à un article envoyé d'Alger à l'un des journaux de France ; comme il m'a semblé reproduire assez exactement les faits, je le rapporte dans tout son entier :

Conversion d'une musulmane à la religion catholique à Alger,
le 8 septembre 1834.

« Les habitans d'Alger viennent d'être témoins d'un fait rare

« dans les annales du pays ; une mauresque vient de s'y faire pu-
« bliquement chrétienne. Voici les faits tels qu'ils se sont passés
« sous nos yeux :

« Cette femme voulait se soustraire à l'autorité brutale de son
« époux qui venait de la répudier juridiquement et qui néanmoins
« la réclamait de nouveau pour l'obliger à rentrer avec lui, par le
« droit consacré dans les lois musulmanes ; mais elle, voulant
« éviter toute espèce de rapprochement, courut pour se sous-
« traire à l'emploi des moyens violens, se jeter aux pieds du gé-
« néral Voirol et lui déclara que son desir était de se faire baptiser.
« Le général répondit à cette confidence par des avis sages, mais
« qui n'ont point prévalu dans l'esprit ou l'opinion de cette femme.

« Cette nouvelle s'étant rapidement répandue parmi les maures,
« et ayant produit un effet tout-à-fait défavorable à l'autorité fran-
« çaise, le cadi et le muphty se rendirent immédiatement auprès
« du général en chef, pour le supplier de ne point autoriser un
« acte dont l'accomplissement indignerait évidemment la popula-
« tion indigène. Le général leur promit de ne point influencer et
« les engagea au contraire à user de leur ascendant pour la con-
« vaincre.

« Mais l'esprit prêtre et de prosélytisme se jeta au travers de
« toute conciliation de ce genre ; il s'empara au contraire de cette
« occasion pour se mettre en évidence et exploiter la circons-
« tance au profit de la religion, ou plutôt de l'esprit prêtre.
« .... M. ****, actuellement inter-
« prète à l'armée d'Afrique se chargea du soin d'instruire cette
« femme dans les préceptes de la religion et de la préparer à
« recevoir le nouveau sacrement.

« Le muphty et le cadi crurent voir, dans cet empressement
« une manifestation et un assentiment tacite du général en chef ;
« ils usèrent de l'autorisation du général et de leurs propres
« droits pour faire arrêter cette femme, et l'enfermèrent dans une
« salle des conférences, voisine du lieu où se rend la justice.

« M. Canapa, interprète du général Voirol croyant voir dans
« l'arrestation de cette femme une violation du droit des gens,
« vint bientôt accompagné de M. le cap. Pélissier qui enjoignit
« au cadi de mettre sur le champ cette femme en liberté, cet
« ordre fut exécuté. Celle-ci, se voyant libre fut rejoindre son

« instituteur qui s'empressa de la conduire à l'église , où elle fut
« baptisée par M. l'abbé de La Rue; son parain fut M. Geoffroy,
« interprète du général Bro, le nom de la marraine n'est pas venu
« jusqu'à nous.

« Tandis que cette cérémonie se passait à l'église , le muphti
« et le cadi se rendirent sans perdre de temps , auprès du général
« en chef, pour se plaindre de la violence dont ils avaient été
« l'objet : là, ils apprirent ce que le général ignorait lui-même ,
« que tout était consommé. Le muphti et le cadi crurent avec
« raison qu'ils avaient été joués dans cette circonstance , et pen-
« sant que leur dignité était gravement compromise envers leurs
« co-réligionnaires , ne balancèrent point à donner leur démission
« qui fut aussitôt acceptée. Cependant le lendemain , le géné-
« ral Voirol envoya son aide-de-camp et ses interprètes du bu-
« reau arabe auprès du cadi pour l'engager à retirer sa démission
« qui n'avait été que verbale. Tout en reconnaissant l'importance
« de cette démarche, le cadi persista dans sa résolution.

« Depuis deux jours le cours de la justice était suspendu , et
« les indigènes privés de tout secours. Un tel état de chose ne
« pouvait durer plus long-temps, le général en chef dût néces-
« sairement pourvoir au remplacement des anciens magistrats et
« à l'installation immédiate des nouveaux, en conséquence Sidi
« ben Djadousen fut nommé cadi en remplacement de Sidi-Abdel
« Aazizi et Sidi Aouad , muphti en remplacement de Sidi Mus-
« tapha. Les indigènes ne virent pas avec plaisir le changement de
« ces magistrats ; un grand nombre d'entre eux réclamèrent
« contre cette mesure , mais tout fut inutile , il était trop tard,
« les nouveaux muphti et cadi furent installés par M. Cottin ,
« maire d'Alger, accompagné des grands de la nation , des offi-
« ciers et interprètes de l'état-major général. Tous ces faits ont
« amené une rupture violente entre le général en chef et l'inten-
« dant civil. »

Le premier jugement que j'ai rapporté, m'a entraîné à citer
dans son entier l'article que l'on vient de lire, et qui s'y ratta-
chait. Je reviens à mon sujet.

Le vol doit être puni , très sévèrement puni, c'est du moins
l'une des conditions sociales qui régissent le monde. J'ai néanmoins remarqué qu'à Alger, où la sévérité des lois pour ces crimes

m'a paru excessive , que cette même sévérité était appliquée dans
bien peu de circonstances. On peut en juger par le cas suivant :

« Un *marabout* (homme sanctifié par ce titre , et souvent dis-
« solu par ses mœurs), avait pour esclave un nègre qu'il affec-
« tionnait beaucoup. Ce nègre quitta son maître et vint s'engager
« dans les zouaves; mais en quittant son maître, il lui avait em-
« porté un pistolet, un bournouss, quatre ceintures en soie déjà
« usées et trois bracelets en argent. Par suite des poursuites du
« maître et à la requête verbale du cadi, le nègre fut envoyé à
« Alger par le commandant de Lamoricière, afin de rendre compte
« de sa conduite devant la justice. Le nègre se renferma d'abord
« dans un système de dénégation qu'il ne put soutenir long-temps;
« pressé par les questions du cadi, il avoua une portion du vol,
« mais nia l'autre, tandis que des témoins avaient attesté l'avoir
« rencontré avec la totalité des objets ci-dessus désignés. Le cadi
« prit note des objets volés et avoués, qui étaient : un pistolet ,
« un bournouss, quatre ceintures, mit une valeur à chaque chose
« et condamna le nègre à payer vingt-deux boudjoux , prix de ce
« qu'il avouait avoir détourné, le renvoya à son corps et admit
« le maître à fournir de nouvelles preuves, pour les objets qui
« n'avaient point été déclarés avoir été pris par le nègre. »

Voilà un arrêté très arbitraire dans son *considérant*: partout le
voleur est puni du crime du vol qu'il commet, et ne peut en aucune manière se racheter en donnant la valeur des objets volés.
C'est un principe qui appartient aux lois de tous les pays, et le
juge qui doit les appliquer ne doit être que l'interprète de la loi,
et ne doit pas prendre sur lui le soin d'arranger de semblables
affaires en conciliation et renvoyer dans la société des hommes
qu'elle repousse du pied. L'impunité engendre le crime.

Je terminerai toutes ces citations par un jugement qui étonnera
plus d'un juge, voici les faits :

« Un Arabe vendit à un autre Arabe son *hhanch* (ferme),
« moyennant deux-mille boudjoux, payables à raison de deux-
« cents boudjoux par an, jusqu'à parfait paiement, ce qui donnait
« à l'acquéreur le terme de dix années avant de pouvoir être défini-
« tivement libéré. Peu de temps après cet arrangement, le nouveau
« propriétaire céda cette ferme à un négociant français, (M. Ro-
« zey de Rouen) moyennant la rente annuelle et perpétuelle de

« deux-cents cinquante boudjoux , payables chaque année et
« d'avance ; cette nouvelle vente fut passée par devant le cadi.

« La question toute naturelle du recours du premier proprié-
« taire contre le dernier acquéreur, en cas de non paiement du
« second vendeur , ayant inquiété l'acquéreur français et celui ci
« ayant à ce sujet, demandé des explications au cadi , ce magis-
« trat répondit: que le premier propriétaire n'avait aucun recours
« sur lui, *tiers possesseur* , attendu qu'il n'avait vendu qu'à l'A-
« rabe, et qu'en admettant le cas où l'Arabe ne payerait point au
« premier propriétaire, le Français (M. Rozey) ne pourrait en
« aucune manière être inquiété. »

D'après cet éclaircissement l'action du recours n'existe pas. Je
puis acheter à terme , vendre comptant , jouir ainsi d'une fortune
usurpée , et mon vendeur ne pouvant être payé par moi , ne peut
avoir son recours contre mon acheteur.

Singulière jurisprudence qui ruine les uns, en protégeant la
friponnerie des autres, et en donnant raison à la mauvaise foi.

En traitant quelques unes des dispositions du code des musulmans, mon intention n'avait point été de parler du code criminel
dans cette publication, je me réservais le soin d'en entretenir mes
lecteurs plus tard. J'ai dû en conséquence continuer à donner à
mon imprimeur des matériaux qui se sont trouvés presqu'immédiatement imprimés, lorsqu'une circonstance vint m'obliger à consigner dans mon ouvrage quelques mots sur la question de l'assassinat. Je me trouve donc dans la nécessité de produire ici à
la suite de la seconde note, les deux lettres que l'on va lire, et
qui feront connaître les dispositions de la loi sur la question de
l'assassinat.

« Sachant que vous vous occupez actuellement d'un *traité sur
la législation indigène*, ouvrage dont le succès vous est assuré
d'avance, je viens recourir à votre obligeance accoutumée pour
obtenir différens renseignemens qui sont relatifs à une cause que
je suis chargé de défendre; les voici :

1° Quelle est la peine réservée à l'assassin ?

2° Son aveu suffirait-il pour qu'on puisse le condamner ?

3° S'attache-t-on au nombre ou à la moralité des témoins,
ou bien au nombre et à la moralité tout-à-la-fois ?

4° Dans ce dernier cas le nombre est-il fixé ?

5° Faut-il que ces témoins attestent du crime *de visu ?*

6° Les femmes en général et spécialement la femme légitime, peuvent-elles être citées comme témoins ou donnent-elles de simples renseignemens ?

« Dans l'attente de votre réponse, j'ai l'honneur d'être avec une parfaite considération, etc. »

« Alger, le 5 février 1835.

Bastide, avocat à Alger.

RÉPONSE.

Monsieur,

« Je m'empresse de répondre aux questions que vous avez crû devoir m'adresser et qui sont relatives à la cause que vous êtes chargé de défendre.

« Malgré l'assurance que j'ai de ne donner au public, dans mon ouvrage sur la législation indigène, que des renseignemens vrais, je n'ai pas voulu néanmoins m'en rapporter à ce que j'avais déjà écrit, j'ai voulu donner plus de poids à vos citations, en soumettant de nouveau vos demandes au muphty d'Alger.

« J'ai en conséquence soumis à ce magistrat les questions suivantes :

1. Quelle est la peine réservée à l'assassin ?

2. Son aveu suffirait-il pour qu'on puisse le condamner.

3. etc.

4. etc.

5. etc.

6. etc.

« A la 1ʳᵉ question : *quelle est la peine réservée à l'assassin?* le muphty a répondu : la mort.

« A la 2ᵉ question : *son aveu suffit-il pour qu'on puisse le condamner ?* Le muphty a répondu : non, quoique la bastonnade soit une espèce de question qu'on applique au prévenu, en faveur de la vérité qui peut éclore par la souffrance.

« A la 3ᵉ question : *s'attache-t-on au nombre ou à la moralité des témoins, ou bien au nombre et à la moralité tout-à-la-fois?* Le muphti a répondu, qu'il fallait au moins deux témoins, reconnus religieux, de bonne vie et mœurs. Il a ajouté qu'il n'était pas absolument nécessaire que les témoins aient vu commettre le crime, qu'il suffisait d'avoir vu le criminel dans un état ou dans une position à ne pouvoir nier le crime commis, pourvu toutefois qu'ils fussent au moins au nombre de deux ; ce qui répond à vos 4ᵉ et 5ᵉ questions ainsi conçues: *dans ce dernier cas , ce nombre est-il fixé ? — Faut-il que les témoins attestent du crime de visu?*

« A votre 6ᵉ question : *les femmes en général et spécialement la femme légitime peuvent-elles être citées comme témoins ou donnent-elles de simples renseignemens ?* Le muphty a répondu, que jamais et dans aucune circonstance le témoignage des femmes n'était admis.

« Voilà Monsieur, les seuls renseignemens que je suis en état de vous fournir.

« J'ai l'honneur d'être, avec une considération très distinguée,

« Monsieur,

«votre tout dévoué.»

Jx. Pharaon.

Alger, le 6 février 1835.

(3) La seule spéculation à laquelle se soient livrés les Européens en Afrique, c'est l'acquisition des propriétés.

Aucune, ou pour être exact, fort peu de ces acquisitions ont été définitives; les Européens ont continué à cet égard le mode de transaction qui existait antérieurement à leur arrivée en Afrique, entre les indigènes eux-mêmes. Ces transactions consistaient à se louer mutuellement les maisons, les jardins, les campagnes et les fermes, à un prix très modique, pour un an au moins, payable d'avance et pour *trois ans au plus*, avec des conditions plus ou moins avantageuses. Quelques fois les parties stipulaient dans l'acte de bail à loyer, la faculté de renouveller à la volonté du locataire et sans que le bailleur puisse s'y opposer. Cette location était faite par devant le cadi, et je le répéte, moyennant une somme extrêmement modique et sans l'usage ruineux du *pot-de-vin* que les français ont admis, et auquel ils ont donné une extension bien préjudiciable à leurs intérêts ; sans que pour cela il en résultât un bénéfice bien clair pour les propriétaires, ainsi qu'on le verra plus loin. Cette grande facilité à se procurer des immeubles gagna tous les esprits et chacun voulut être un *fantôme de propriétaire*. Il n'était pas rare en principe de voir des individus se dire possesseurs de 3 ou 4 immeubles, qu'ils croyaient avoir légitimement acquis, parce qu'une somme de mille francs avait suffi pour payer la première année de ces diverses rentes. Dès que ce genre de location fut plus répandu on vit la corruption se mettre bientôt dans les marchés; les uns proposaient de payer deux ou trois années d'avance ; d'autres offraient une somme quelconque une fois payée, sans préjudicier en rien à la rente et tout en dehors du marché ; à la condition toutefois que le propriétaire consentit à laisser glisser dans le contrat, ces mots : *à rente perpétuelle*, comme si quelque chose l'était dans la nature.

Les juifs étaient et sont encore aujourd'hui les seuls intermédiaires dans ces sortes de transactions entre indigènes, maures et Européens, c'est dire assez que les deux parties, vendeurs et acheteurs, bailleurs ou locataires, furent exploitées d'une manière cruelle, pour ne pas dire infâme.

On peut en juger. Les mêmes propriétés ont été vendues à deux et quelques fois à trois personnes différentes, savoir : au moyen de contrats réels ou faux ; d'actes de notoriété consentis par de *faux témoins*, qui déclaraient par devant la justice maure que telle propriété située dans la plaine appartenait à Aly, (par exemple), pour lequel ils n'hésitaient pas à se porter caution, attendu que son acte de propriété lui avait été volé. D'autres, non moins effrontés, louaient eux-mêmes leurs propriétés, tandis qu'ils remettaient à d'autres une procuration pour louer en leurs noms à une nouvelle dupe. D'autres encore, confectionnaient ou fabriquaient avec une hardiesse inouie, de fausses procurations à l'aide desquelles, ils venaient à Alger, consommer leurs escroqueries.

Ces genres d'affaires prirent un tel développement en Afrique, que pendant plus d'une année, il ne fut pas question d'autre industrie que celle de louer des maisons et des propriétés. Cette concurrence éleva nécessairement le prix des rentes annuelles à une somme exhorbitante et les *pots-de-vin* s'élevèrent aussi à des sommes si fortes, que jointes à une, deux ou trois années *payées d'avance*, elles devenaient par le fait assez considérables pour que celui qui déboursait autant de fonds *put se croire propriétaire* d'un terrain qui, en principe, avait coûté fort peu de chose au premier acquéreur; surtout si à ces déboursés on veut bien ajouter, les frais énormes auxquels donnent lieu ordinairement la *possession*

des actes, les droits d'enregistrement et le courtage des juifs. On
sait que les juifs ne se contentent pas toujours du *pot-de-vin* que
le locataire français croit donner au propriétaire maure, lequel
pot-de-vin reste tout entier à l'insçu de ce dernier, bien entendu,
entre les mains des courtiers juifs organisés en bande, à cet effet.
La plupart de ces acquéreurs ne pouvaient en principe, être
considérés comme spéculateurs de bonne foi. La preuve de ce que
j'avance est dans leur propre conduite : combien n'en est-il pas,
qui n'aient pas détruit les propriétés qu'ils avaient louées, en
s'empressant de couper les arbres qu'elles contenaient et de rentrer ainsi avec un très-grand bénéfice dans leurs loyers. C'était
aussi un moyen de faire de l'argent pour regagner la France,
lorsque ces spéculateurs d'un nouveau genre étaient obérés en
Afrique.

Ils ne pouvaient donc pas avec raison être mis au rang des
hommes qui venaient prendre possession du sol et l'enrichir par
une exploitation laborieuse. Ils ne pouvaient être non plus placés
sur la même ligne que ceux qui avaient acheté pour leur compte
particulier, afin de recéder à des compagnies riches en fond,
avec un très grand bénéfice, la totalité ou la presque totalité des
terrains acquis.

L'expérience et la misère ont débarrassé Alger et les honnêtes
acquéreurs de cette immense quantité d'individus qui ne vivent souvent qu'aux dépens de ceux qu'ils ont ruiné. Mais ils n'ont pas
pour cela évité les fourberies, les mensonges et la lézinerie des
indigènes. Bientôt chacun des acquéreurs a pu s'apercevoir qu'il
était complétement dupe de la plupart des marchés qu'il passait
avec l'arabe. En effet, le bailleur à rente perpétuelle ou le vendeur comme on voudra bien l'appeler, ne se faisait aucun scru-
pule d'accuser que son *hhanch* (ferme), contenait 300 paires de
bœufs, ou terre labourable, (la paire de bœuf représente environ
20 ou 25 arpens), avec des dépendances, des sources d'eau
vives, des plants considérables d'oliviers et arbres de toute espèce;
enfin, que cette ferme était à une petite distance des avant-postes.
Toutes ces accusations étaient reconnues mensongères par les
hommes qui connaissent le pays, mais cela ne suffisait pas toujours pour convaincre l'acquéreur. Jamais il n'eut voulu penser
qu'une ferme dont la contenance apparente était de 300 paires de

bœufs, put se réduire à 4 ou 5 ; que cette terre labourable, n'est le plus souvent qu'une montagne aride où le pin y vient à regret, que ces sources d'eau vives ne sont que quelques marais fangeux, enfin, que cette proximité des avant-postes se trouve être une distance de 15 ou 20 lieues.

De semblables décomptes portèrent la méfiance des acquéreurs européens au point d'imposer une réduction de tant de francs sur chaque paire de bœuf qui se trouverait en moins de la quantité déclarée lors de la possession du contrat.

Puis après on vit des craintes se manifester chez les acquéreur français sur la nature de leur marché et l'esprit exact de l'interprétation du mot *hhobous*. Ils voulurent dès lors que les affaires faites avec les indigènes et conclues chez le cadi reçussent les mêmes formalités chez le notaire, afin de consacrer par des actes différens la légitimité du même objet. C'était une satisfaction que l'acquéreur se donnait et dans laquelle il voyait reproduire les mots à *rente perpétuelle*, qui semblaient le confirmer encore plus dans cette possession à *perpétuité*.

Les acquéreurs d'ailleurs commençaient à s'effrayer sur l'état futur de toutes leurs acquisitions *hhobouss* ; plusieurs avaient déjà compris la législation qui régit cette espèce de vente; ils s'adressèrent à moi et après bien des démarches, je parvins à arracher des cadis et muphtys cette déclaration que « la vente d'un *hhobouss* à rente perpétuelle, ne constituait pas le droit au locataire, de conserver ce bail à perpétuité. Ils disaient que le fils pouvait ne pas vouloir ratifier les conditions auxquelles s'était engagé le père. Que d'ailleurs ce qui confirmait cette opinion, c'est qu'il était impossible au juge indigène de recevoir un loyer de plus de trois années, payé à l'avance. » Une autre question s'est soulevée à la suite de celle que je viens de rapporter; la voici: « les propriétaires européens voulurent savoir, si en dernière analyse, à l'extinction de toute succession de père en fils, si, dis-je, le *hhobouss* (substitution), revenant à une corporation quelconque, cette corporation pouvait refuser de continuer à l'individu ou à ses descendans en faveur duquel ou desquels avait été faite la location à rente perpétuelle, les mêmes conditions faites au locataire européen par l'auteur du *hhobouss* ou par ses descendans; ou bien si cette corporation était en droit de s'emparer du bien *hhobouss* à elle dévolue par l'acte primitif. Je fus chargé de répondre par le cadi et le muphty, que « la corporation à laquelle était dévolu le *hhobouss*, après extinction de toute lignée, était en droit de reprendre la propriété, et d'imposer de nouvelles conditions, ou de ratifier même celles existantes précédemment. »

Ces *dispositifs* des magistrats indigènes inquiétèrent ceux des propriétaires qui s'étaient laissés entrainer par une trop grande confiance, à l'achat des propriétés à rente perpétuelle; plusieurs d'entr'eux, et notamment M. Rozey de Rouen, suspendirent les achats considérables qu'ils faisaient. M. Rozey voulut exiger des cadis de mettre dans l'acte ces mots; que « *nul ne pourrait enlever la propriété des mains du locataire actuel ou de ses descendans quels qu'ils soient, sans la volonté expresse de celui qui possède et sert régulièrement la rente.* » Après bien des difficultés, des démarches et des négociations, le *medglis* consentit par mon intermédiaire et mes sollicitations à consigner à l'avenir dans les actes faits au nom ou par l'entremise de M. Rozey, ces nouvelles dispositions.

Le refus qu'opposaient les magistrats maures à se rendre à mes sollicitations venait de ce que le mot arabe *mouabada* signifiant *perpétuité*, devait suffire, attendu que ce mot se rapporte aux choses matérielles qui sont plus durables que l'espèce humaine.

A l'appui des explications que je viens de donner, je produis un mémoire adressé à M. le procureur-général sur la chambre de commerce et qui traite du même sujet, voici cette pièce :

Alger, le 8 janvier 1835.

Monsieur,

« La chambre de commerce d'Alger a l'honneur de recommander à votre attention la réclamation qui lui a été adressée par 17 israëlites indigènes au nom de leurs co-religionnaires. Elle vous en remet ci-joint copie conforme certifiée.

« Si aux cadis appartient la police règlementaire de leurs audiences, la chambre croit que cette attribution ne peut aller jusqu'à leur laisser la faculté d'en exclure qui que ce soit, ces audiences étant publiques devant les lois musulmanes et surtout devant les lois françaises également protectrices de tous les cultes.

« L'exercice de cette faculté, dans le cas qui se présente serait

14.

monstrueux en ce que, outre la réprobation qu'il ferait peser sur
la nation juive, il frapperait ses membres d'interdiction dans une
partie de leurs droits civils.

« En effet, il ne s'agit pas seulement ici de priver les juifs de
concourir dans l'intérêt social à la publicité des jugemens des
cadis, mais de leur enlever le droit qu'on ne peut leur contester,
de stipuler personnellement dans les transactions commerciales
ou immobilières qui leur sont propres ou d'assister comme intermédiaires requis dans ces mêmes transactions que ces magistrats
sont appelés à rédiger authentiquement entre juifs et musulmans,
juifs et Européens, musulmans et Européens.

« Sans s'arrêter à leur inadmission à contracter pour leurs af_
faires particulières devant les cadis, parce que cette inadmission
ne peut être réelle, la chambre de commerce pense que la mesure
qui les priverait d'assister à la passation des contrats arabes entre
indigènes et Européens pour des opérations traitées par leur entremise hors l'étude des cadis, comme cela se pratique toujours,
serait à la fois arbitraire, entravante et préjudiciable aux intérêts
des contractans.

« Les quatre maures récemment installés en vertu de pouvoirs
encore ignorés, fonctionnant auprès des cadis et se qualifiant,
ainsi que la chambre s'en est assurée, de courtiers de biens, interprètes pour la passation des actes arabes, au profit desquels
l'exclusion des juifs paraît avoir été prononcée ; loin de suppléer
à l'incapacité de ces derniers dans la connaissance des langues si
nécessaire à cet emploi, ne font que faire ressortir davantage le
vide immense qui, sous ce rapport, reste à remplir auprès de la
juridiction musulmane.

« La chambre de commerce ne répudiant aucune occasion, même
hors ses attributions, de signaler à l'autorité toute espèce d'amélioration d'intérêt public, s'étonne que ce vide ait jusqu'ici échappé
à l'investigation du pouvoir. Le torrent d'abus qui en découle depuis l'occupation française pour les transactions immobilières et
qui se grossit chaque jour en continuant de compromettre l'existence et l'avenir des acquéreurs de biens, est arrivé à son apogée..
Vous en allez connaître les principales causes; votre zèle éclairé
pour le bien public en fera justice.

« Vous avez dans une circonstance solennelle, naguère, flétri

du poids de votre éloquence ces mêmes transactions; mieux instruit alors, vous auriez vu, la chambre n'hésite pas à le procla-
mer, à part les méfaits de la spéculative destruction de quelques
hommes sans aveu, exercés sur quelques jardins autour d'Alger,
qu'ils ont ensuite abandonnés, en général du côté des acquéreurs
la loyauté dans les stipulations, la religieuse observance des
conventions, même sur le point délicat des *pots-de-vin* et cet
abandon de confiance dans la foi des vendeurs, dont ces derniers,
à d'honorables exceptions près, ont impunément profité pour
exploiter à leur profit la ruse, la duperie et la fraude.

« Ils ont en cela merveilleusement été secondés par l'ordre de
choses existant; car, soit préjugé, mauvaise volonté ou incapacité des écrivains des cadis, ou, encore duplicité des entremetteurs d'affaires interprètans, toujours est-il, que sur 20, à peine
un contrat a rendu les conventions comprises par l'acquéreur et
par lui clairement expliquées. Ici, ce sont:

1° Des propriétés situées dans l'Atlas et quelques fois au delà,
vendues comme existant dans la plaine de Mitidja.

2° Des noms de vendeurs dans un acte de notoriété fait de la
veille qui sont dénaturés ou entièrement changés dans l'acte de
vente du lendemain, passé par les mêmes écrivains.

3° Des stipulations omises, favorables à l'acquéreur, ou in-
troduites, qu'il n'eût jamais admises ou enfin suppléées à d'autres
et toujours contrairement à ses intérêts.

4° Une procuration arabe, autorisant à vendre pour une rente
perpétuelle de 300 boudjoux et défendant de garantir la contenance de la terre dont se sert le mandataire pour vendre le même
immeuble à 200 boudjoux de rente, avec garantie de 40 paires de
bœufs, action laissant au mandant le droit d'annuler l'affaire
au préjudice de l'acquéreur ayant, au moyen de la réduction de
la rente, payé un fort *pot-de-vin* en dehors du contrat, qu'on
pourra dans ce cas lui méconnaître.

5° C'est le quart, le tiers, le neuvième etc, ou qui pis est une
portion indéterminée, au lieu de la totalité d'une terre, que l'acquéreur a cru acheter.

Là, et c'est où git le plus grand mal:

6° C'est un bail à temps substitué à un contrat de vente à rente
perpétuelle convenu entre les contractans.

7° Ce sont des prix d'achats excédant ceux arrêtés et des rentes perpétuelles , tierçant ou doublant celles convenues entre les parties , erreurs dont profitent toujours irrémissiblement les indi_gènes. Une seule s'est glissée dans le sens inverse à la connaissance de la chambre : il s'agissait d'une rente perpétuelle, convenue à 150 boudjoux, écrite seulement pour cent boudjoux; le Français qui en aurait pu profiter s'est empressé de la faire rectifier.

8° Ce sont généralement pour les terres de la plaine Mitidja , que l'acquéreur ne pouvait et ne peut encore aller voir, des superficies de terrain annoncées frauduleusement et quelquefois effrontément garanties par le vendeur pour des quantités doublant, décuplant et quelquefois centuplant la réalité.

« On croirait à tort qu'ils engagent là, autre chose que leur conscience. La 1re ou les 1res années de la rente toujours exigée d'avance et l'indispensable *pot-de-vin* les couvrent ordinairement, tout d'abord de la valeur totale de l'objet vendu et d'un bénéfice illicite, dépassant selon les circonstances d'une à dix fois et plus cette valeur. Tel, par exemple, vend une propriété pour 100 paires de bœufs à 2 ou 300 boudjoux de rente perpétuelle, en perçoit 3 années d'avance avec un *pot-de-vin* de 1500 f. à 2000 f., propriété, qui ne lui a coûté pour tout achat, que 50 ou 100 boudjoux une fois payés , quand, à la vérification du terrain , la retenue stipulée à raison de tant par paire de bœufs qui se trouvera en moins sur la rente, l'aura réduite à zéro, l'acquéreur n'en aura pas moins été volé. Que sera-ce . comme cela existe le plus fréquemment, quand aucune restriction prise ne l'affranchira de la rente.

« La friponnerie de certains de ces vendeurs est si audacieuse, qu'en divers cas, dans les jardins du massif comme dans les fermes de la plaine, ils ont conduit les acheteurs sur les lieux et leur ont montré à côté de leurs domaines comme en faisant partie , d'immenses propriétés appartenant à leurs voisins, et grâce à la formule des actes des cadis, ces misérables jouissent de l'impunité.

9° Ce sont des ventes faites sur des titres faux.

10° Enfin , ce sont des titres sur lesquels les mêmes propriétés ont été plusieurs fois vendues, quelques indigènes ne reculant devant aucun moyen de spolier l'avoir des Européens , parce que pris en flagrant délit, comme cela est quelquefois arrivé, ils en ont été quittes pour 3 ou 4 jours de prison et quelques coups de bâton appliqués sur la plante des pieds.

« Attribuer ces faits ou plutôt ces délits, ainsi qu'une multitude d'autres non moins repréhensibles, qu'il serait trop long d'énumérer, dont les Européens peuvent d'autant plus difficilement se préserver d'être victimes qu'ils ne connaissent l'engagement qui les y soumet qre lorsqu'il est consommé, C. A. D. après la traduction qui suit l'enregistrement des contrats, les cadis ne s'en déssaisissant que pour les remettre au receveur ; attribuer ces délits, disons-nous, à la seule rapacité des juifs, entremetteurs, interprètes des affaires qui en sont la cause , ne serait pas plus rationnel que de croire, que tous y aient été entièrement étrangers, parce que si quelques turpitudes de leur fait ont été dévoilées, d'un autre côté , l'assistance d'interprètes assermentés, employés exclusivement par quelques acquéreurs pour la passation des contrats arabes, n'a pas préservé ces actes des vices et de la fraude dont la plupart sont entachés.

« En vain, ces interprètes jurés ont tenté, à l'instigation de leurs mandans, de faire introduire quelques améliorations dans la rédaction de ces actes, la volonté des écrivains y a toujours été substituée à celle des contractans, et ce n'a pas été sans des instances inouies qu'en certain cas seulement, l'abornement souvent inexact des terres, le rapport des boudjoux en francs à un change déterminé, la provenance des immeubles et quelques autres stipulations non moins importantes, ont été arrachées à leur ténacité.

« La chambre de commerce, sans examiner s'il n'a pas été impolitique et si ce n'est pas à nos dépens perpétuer les abus d'un peuple que nous voulons civiliser, et retarder cette civilisation, que d'avoir laissé subsister l'institution vicieuse des tribunaux arbitraires des cadis, si peu en harmonie avec nos mœurs , émet le vœu, d'après les motifs qui précèdent, que l'attribution de faire les transactions immobilières entre indigènes et Européens, leur soit retirée et qu'ils n'aient désormais qualité que pour certifier , *sous leur responsabilité personnelle,* la validité des titres et l'identité des propriétés et des personnes ; elle sollicite , M. le commissaire spécial, votre puissante intervention pour obtenir du Ro cette bienfaisante amélioration dont le moindre avantage ne serait pas d'affranchir l'acquéreur de la taxe chaque jour croissante et déjà exhorbitante exigée par l'acte arabe, taxe, qui ne le dispense pas des honoraires bien moins coûteux du notaire ordinairement appelé à rectifier, quand il y a possibilité, les bévues maladroites ou mal intentionnées des écrivains des cadis.

« En attendant, M. le commissaire spécial, la chambre de commerce réclame de votre justice éclairée :

1° La désignation immédiate aux promotions de M. le gouverneur, d'au moins un commissaire spécial auprès de chaque cadi pris parmi les interprètes traducteurs, les plus probes et les plus capables, ayant mission d'éclairer les Européens sur la nature et la validité des titres des propriétés qu'ils achètent, de veiller dans l'intérêt des contractans, à ce que le contrat soit l'expression fidèle des conventions arrêtées entre eux et d'en faire immédiatement la traduction pour qu'elle soit en même temps enregistrée.

2° Des ordres pour que tout individu, à quelque religion qu'il appartienne, soit admis à constater devant les cadis et à assister à la passation des contrats comme intermédiaire requis par l'un ou l'autre, ou par l'une et l'autre des parties contractantes.

3° Un tarif réglant les honoraires des cadis et surtout le coût des copies certifiées qu'ils font payer à raison de l'étendue des lignes, souvent beaucoup plus cher que les actes mêmes.

« Ce tarif pourrait en outre régler ce que chaque contractant aurait à payer au commissaire spécial, de manière que la création de cet emploi ne soit point une charge pour l'état.

4° Enfin, que des heures dans la journée soient exclusivement consacrées par les cadis à la passation des transactions immobilières, pour garantir les actes des inconvéniens résultant de leur rédaction au milieu du tumulte des audiences, ou ce qui vaudrait mieux, qu'un local particulier y soit affecté, d'où les écrivains et les parties puissent sans trop de dérangement consulter ce mamagistrat.

« La chambre de commerce, confiante dans votre amour du bien, est convaincue qu'elle ne vous aura pas vainement signalé ces améliorations.

« Agréez l'assurance de la haute considération de chacun de

ses membres , et croyez,

> « Monsieur le commissaire spécial
> « à son entier dévouement. »

A Monsieur Laurence , membre de la chambre des députés , commissaire spécial de la justice et procureur-général par interim , près le tribunal supérieur dans les possessions françaises du nord de l'Afrique à Alger.

« (4) Que vous dirai-je des juifs et de leurs mœurs dégoutantes. Les avez-vous connus (sauf les exceptions) en France , en Allemagne , en Pologne, en Russie, enfin, partout où il y en a ; toujours même type de physionomie, même caractère, même abjection ; enfin, ils font nation partout où on les rencontre, malgré qu'ils soient divisés et errans. A Alger, leur caractère générique ressort encore d'avantage parce qu'ils sont tous ou presque tous entassés dans un même cercle, et qu'ils sont généralement repoussés par tout le monde. Pénétre-t-on dans léurs quartiers , on éprouve sur-le-champ les effets d'une atmosphère empoisonnée. Le cœur se soulève à l'aspect de leurs rues et des maux dont ils sont affectés, maux qui ne sont produits que par une extrême malpropreté et qu'ils ne rougissent pas d'exposer à la vue des passans , tous les haillons dégoutans de la misère. Est-on plus curieux, et veut-on pénétrer dans l'intérieur de leurs maisons , bientôt on se répent d'une telle curiosité par l'aspect affligeant que présente leur logis. Qu'on se figure une chambre de quinze pieds de long sur sept de large environ, et qui contient quelquefois deux ou trois familles; c'est en vérité à s'y trouver mal en y pénétrant, rien n'égale la malpropreté et le désordre qui s'y trouve, tout ce qu'on peut s'imaginer de plus dégoutant est auprès de leur nourriture qu'ils apprêtent mal proprement. Les enfans en bas âge sont abandonnés à eux-mêmes et trainent après eux leur pénible, sale et petite existence , sur le plancher qu'ils ont contribué à salir. Les hommes sont mal mis, et les femmes déguenillées, et cependant, sous ces guenilles on voit des ornemens d'or , des bijoux ! Luxe et indigence , bassesse et orgueil, richesse et misère, telles sont les facettes auxquelles on reconnait les juifs. »

(Extrait de mon mémoire à la commission d'Afrique.)

(5) Si mon nom paraît plusieurs fois dans le cours de cet ouvrage, on voudra bien me le pardonner, en se rappelant que je
rapporte des articles de journaux qu'il ne m'a pas été possible de
dénaturer, pour y faire disparaître mon nom.

OUVRAGES DU MÊME AUTEUR :

Recueil de poésies et théâtre, 1 vol. in-8°; Paris 1831.

Notice sur le patriarche Isakarruz, 1 vol. in-8°; Paris, 1824.

Élémens de la grammaire française, traduits en arabe, in-8°; Marseille, 1827.

Notice sur Méhémet-Aly, pacha d'Égypte, 1 vol. in-8°; Paris, 1830.

Mahmoud II et Nicolas Ier, 1 vol. in-8°; Paris, 1830.

Biographie des ministres de Charles X, 1 vol. in-8°; Paris 1830.

Histoire de la révolution de juillet, 1 vol. in-8°; Paris, 1830.

Notice sur Benjamin Constant, in-8°; Paris, 1831.

Traité abrégé de la grammaire arabe, 1 vol. in-4°; Alger, 1833.

Méthode raisonnée de lecture et de traduction arabe, 1 vol. in-4°; Alger, 1835.

Dix-huit tableaux élémentaires pour la lecture arabe, grand in-folio; 1835.

SOUS PRESSE A PARIS :

Dictionnaire français-arabe et vice versâ, 2 vol. in-8°.

Histoire générale d'Alger jusqu'à nos jours, 4 vol. in-8°.

Les Rapsodies, anecdotes sur les mœurs arabes et européennes à Alger, 1 vol. in-8°.

L'amant abandonné, élégies algériennes traduites en français, in-4°.

On peut se procurer ces ouvrages :

A ALGER,

CHEZ PHILIPPE, LIBRAIRE, RUE GÉNINA, 10.

TOULON.—IMPRIMERIE DE L. LAURENT.

www.ingramcontent.com/pod-product-compliance
Ingram Content Group UK Ltd.
Pitfield, Milton Keynes, MK11 3LW, UK
UKHW022334090726
13658UKWH00001B/274

9 782329 045221